루틴, 삶의 주인이 되다

# 루틴, 삶의 주인이 되다

| | |
|---|---|
| 발행일 | 2025년 5월 29일 |
| 지은이 | 가람, 강명경, 김정현, 김하세한, 쓰꾸미, 양소영, 유가인, 이주민, 장혜빈, 조하나 |
| 펴낸이 | 손형국 |
| 펴낸곳 | (주)북랩 |
| 편집인 | 선일영 |
| 편집 | 김현아, 배진용, 김다빈, 김부경 |
| 디자인 | 이현수, 김민하, 임진형, 안유경, 한수희 |
| 제작 | 박기성, 구성우, 이창영, 배상진 |
| 마케팅 | 김회란, 박진관 |
| 출판등록 | 2004. 12. 1(제2012-000051호) |
| 주소 | 서울특별시 금천구 가산디지털 1로 168, 우림라이온스밸리 B동 B111호, B113~115호 |
| 홈페이지 | www.book.co.kr |
| 전화번호 | (02)2026-5777 |
| 팩스 | (02)3159-9637 |
| ISBN | 979-11-7224-646-4 03810 (종이책)  979-11-7224-647-1 05810 (전자책) |

잘못된 책은 구입한 곳에서 교환해드립니다.
이 책은 저작권법에 따라 보호받는 저작물이므로 무단 전재와 복제를 금합니다.
이 책은 (주)북랩이 보유한 리코 장비로 인쇄되었습니다.

---

**(주)북랩** 성공출판의 파트너
북랩 홈페이지와 패밀리 사이트에서 다양한 출판 솔루션을 만나 보세요!
**홈페이지** book.co.kr • **블로그** blog.naver.com/essaybook • **출판문의** text@book.co.kr

---

**작가 연락처 문의 ▶ ask.book.co.kr**
작가 연락처는 개인정보이므로 북랩에서 알려드릴 수 없습니다.

똑같은, 그러나 특별한 일상의 조각들

# 루틴,
# 삶의 주인이 되다

가람, 강명경, 김정현, 김하세한, 쓰꾸미,
양소영, 유가인, 이주민, 장혜빈, 조하나 지음

ROUTINE

북랩

## 들어가는 글
### - 자연은 계절을 건너뛰지 않는다

2024년 3월 26일, 회사에서 아내에게 문자를 보냈다.

"자기야. 내일 버스 파업이라는데, 출근 버스가 다니는지 알아봐 주세요."

아침 출근길에 서울버스 파업 기사를 봤다. 광역버스도 파업하는지 확인해야 했다. 다행히 정상 운영한다고 했다. 다음 날 아침, 회사에 7시까지 도착해야 했다. 의정부에서 5시 40분 버스를 타고 혜화동 서울대학교병원까지 갔다. 파업으로 창경궁 앞에서 회사까지 가는 서울 버스는 없다. 6시 30분. 회사까지 한 정거장만 더 가면 된다. '걸어서 20분', 네이버 지도를 확인했다. 부지런히 걸으면 택시를 타지 않아도 회사에 도착할 수 있을 것 같았.

버스로 이동할 땐 습관처럼 유튜브 영상을 봤다. '소수몽키'란 채널에서 주로 생성형 AI 관련 주식 정보를 봤다. 무의식적으로 하차 버튼을 누르고 가방을 챙겼다. 환승 버스를 기다리는 동안에도 영상에서 눈을 떼지 않았다. 버스가 도착하면 힐긋 번호만 확인하고 올라탔다. 주변에 누가 있는지, 어디를 지나는지 관심이 없었다.

40대가 되면서 건강을 챙겨야겠다는 생각이 들었다. 일상에서 쉽게 할 수 있는 방법을 고민했다. 출근할 때 한 정거장 미리 내려 걷기로 했다. 단 20분, 일상이 달라졌다.

창경궁 앞에 '따릉이'가 보였다. 반대 방향에서 머리의 옆쪽이 희끗희끗한 아저씨 한 분이 자전거를 타고 오고 있었다. 성균관대학교 방향이다. 3월 꽃샘추위에 아저씨는 가벼운 패딩에 백팩을 메고 있었다. 자전거와 다소 어울리지 않는 구두. 아마도 출근하는 것이겠지. 그는 웃지는 않았지만, 표정은 밝았다. 느리지도 빠르지도 않게 규칙적으로 페달을 밟았다. 돌담길 옆으로 공간이 충분해서 다행이었다. 옆으로 비스듬히 몸을 틀어 비켜섰다. 아저씨는 속도를 줄이며 차임벨과 함께 지나갔다.

"오늘 하루 잘 보내세요!"

인사말과 함께 자전거는 시간을 늦추듯 속도를 줄였고, 내 옆을 지나간 다음에는 다시금 바람을 가르며 앞으로 나아갔다. 배려의 마음을 담은 인사와 행동 덕분에 기분이 좋아졌다.

율곡터널에 들어섰다. 반대편에서 소리가 들려왔다. 메트로놈처럼 일정한 박자의 소리가 반대편에서 점점 크게 들렸다. 뉴발란스 운동화, 흰 양말이 무릎까지 올라온 러닝 양말, 검은색 나이키 레깅스, 핑크색 바람막이 점퍼를 입은 여자분이 내 쪽으로 뛰어온다. 볼이 빨갛게 상기된 모습이다. 다섯 걸음 정도 떨어진 거리에서 거칠어진 숨소리가 들렸다. 세상을 향해 최선을 다하고 있다고 외치는 것처럼 보였다. 내 옆을 지나간 자리에 바람만 남았다. 터널 안쪽 보호벽 덕분에 척척거리는 발걸음 소리가 울렸다. 기분도 좋아지며 리듬에 맞춰 흥얼거리며 걸었다.

터널을 지나니 창덕궁 돈화문이 보였다. 창덕궁을 배경으로 근처 나무 색이 초록색으로 변화하고 있었다. 잎이 돋아나 봄 안에 내가 있다고 생각했다. 눈꽃으로 덮여 있었던 시절이 지난주처럼 느껴졌다. 이제 한두 주 있으면 봄꽃 개나리와 벚꽃이 필 시기다. 매월 마지막 수요일에 창덕궁 무료입장이 가능하다는 생각으로 이어졌다. 점심 먹고 남은 시간에 고궁을 거닐 계획도 세웠다.

그날부터 걸으며 주변에서 주는 선물과 함께 둘러보기를 즐기기로 했다.

10년 전, 젊음이 좋았다. 체력이 좋고 나쁘고의 문제가 아니었다. 애써 노력하지 않아도 몸은 가볍고 활기찼다. 잃어봐야 소중함을 느낀다는 만고불변의 진리는 이 청춘에 가장 강력하게 적용된다. 그때는 알지 못했다. 얼마나 귀한 시간을 흘려보내고 있었는지. 의미 있는 시간으로 만들기 위해 건강을 챙기며 하루를 시작한다.

한 달 전만 해도 출근길 버스에서 내리면 안경에 김이 서렸다. 이제는 버스에서 내려도 안경은 투명하고, 입에서 나오던 입김은 찾아보기 힘들다. 그렇게 변화된 계절은 내 옷차림으로 들어와 롱패딩에서 카디건으로, 카디건에서 반소매로, 반소매에서 바람막이 점퍼로, 바람막이 점퍼에서 롱패딩으로 변화한다. 자연은 지름길로 가지 않는다. 자연은 계절을 건너뛰지 못한다. 하루 만에 롱패딩에서 반소매를 입을 수는 없다. 자연은 느린 결과를 보여준다. 우리는 수확하기 전에 심어야 한다. 예외는 존재하지 않는다.

원할 때 원하는 것을 빨리 갖는 것은 분명 솔깃하지만, 그것은 진실성이 부족하다. 진실성은 전체의 합이고, 지름길은 당연히 모든 부분을 포함하지 않는다. 진실성은 시간, 노력, 일관성, 목적이 결합된 것이다.

진실성을 갖추면 삶이 더 풍요로워진다고 믿는다. 진실성을 증명하기 위해서는 루틴이 필요했다.

습관은 무의식적으로 형성되는 행동 패턴으로, 특정 상황이나 자극에 대한 자동적인 반응이다. 반면, 루틴은 의식적으로 계획하고 실행하는 일련의 행동이다. 내 삶을 더 풍요롭게 만들기 위해서는 습관보다 루틴이 더 필요했다. 이 책에는 나를 포함하여 열 명의 루틴이 담겨 있다. 시중에 루틴을 소개하는 자기 계발서는 많다. 옆집에 사는 평범한 사람들이 본인 일상을 지키고, 목표를 향해 실천하고 있는 루틴을 책에 담았다. 루틴을 처음 시작하는 사람이라면 거창한 루틴은 실천으로 이어지기 힘들다. 가볍게 시작하여 매일 성공하는 루틴을 통해서 성장하는 기쁨을 먼저 누리면, 일상이 좋아진다는 지혜를 같이 누렸으면 한다.

이 책은 총 네 개의 장으로 구성했다. 제1장 「아주 작은 루틴의 힘」에는 루틴을 시작하게 된 이유, 시작하게 된 경험을 썼다. 제2장 「나만의 루틴 설계하기」에는 각자만의 루틴 소개와, 루틴을 하면서 실패했던 경험과 다시 시작한 경험을 담았다. 제3장 「루틴이

주는 삶의 안정」은 루틴을 하면서 느낀 삶의 변화에 대한 기록이다. 마지막 제4장 「내 삶의 주인으로」에는 루틴을 꾸준하게 실천한 경험과 성과를 정리했다. 열 명의 작가가 본인의 일상을 진솔하게 녹여내었기에 근사한 가치를 담을 수 있어 뿌듯하다.

아들과 딸을 키우면서 발견한 교육 방법이 있다. 강제적으로 시키려고 하니 하지 않았다. 부탁해도 하지 않았다. 자녀는 그냥 내가 하는 루틴을 보고, 근사해 보이고 좋아 보이면 따라 했다. 그러다가 별로다 싶으면 바꾸었다. 먼저 가볍게 실천하면서 나와 맞지 않으면 더 근사한 것을 찾아 루틴으로 연결하면 근사해졌다. 그렇게 일상이 좋은 방향으로 변화했다. 좋은 루틴이 녹아 있는 일상을 응원한다.

2025년 봄
작가 쓰꾸미

차례

들어가는 글
- 자연은 계절을 건너뛰지 않는다 / 5

 제1장
## 아주 작은 루틴의 힘

1. 작은 성공이 차곡차곡 쌓이면 - 가람 / 14
2. 오늘도 운동화를 세탁합니다 - 강명경 / 19
3. 단란한 삼총사 가족 - 김정현 / 25
4. 루틴이 없다면 루저? - 김하세한 / 30
5. 나는 쓰꾸미 - 쓰꾸미 / 35
6. 루틴은 성공한 사람들만의 특권인가 - 양소영 / 41
7. 나만의 길을 찾아가는 중입니다 - 유가인 / 47
8. 지푸라기라도 잡고 싶은 마음으로 시작된 아침 - 이주민 / 52
9. 부모님께 물려받은 유산 - 장혜빈 / 58
10. 당신은 아직도 나를 가르칩니다 - 조하나 / 63

## 제2장 나만의 루틴 설계하기

1. 나만의 길을 찾다 - 가람 / 70
2. 조용히 스며든 삶의 조각들 - 강명경 / 76
3. 슈퍼우먼 주임 교사 - 김정현 / 82
4. 나는 하루에 세 가지 한다 - 김하세한 / 87
5. 나는 흡연자가 아닙니다 - 쓰꾸미 / 93
6. 재능 없는 소시민이 행복을 찾는 세상 쉬운 대안! - 양소영 / 98
7. 포기하고 싶은 바로 그 순간이 성장의 기회다 - 유가인 / 104
8. 하루의 시작과 마무리 - 이주민 / 109
9. 하루를 나에게 맞추기 - 장혜빈 / 115
10. 모닝커피로 하루를 시작합니다 - 조하나 / 119

 ## 제3장 루틴이 주는 삶의 안정

1. 과거보다 단단해질 나를 만드는 도전, 루틴 - 가람 / 126
2. 잠시 흔들려도 괜찮아 - 강명경 / 132
3. 38살 대학원생 워킹맘 - 김정현 / 137
4. 루틴에 삶을 맞추는가? 삶을 루틴에 맞추는가? - 김하세한 / 142
5. 삽을 든 나의 변화 이야기 - 쓰꾸미 / 147
6. 소시민의 마스코트, 거북이를 닮아가는 여정 - 양소영 / 152
7. 루틴으로 새로운 꿈을 꾼다 - 유가인 / 158
8. "목적지가 설정되었습니다" - 이주민 / 163
9. 나의 삶을 풍성하게 해주는 도구, 루틴 - 장혜빈 / 168
10. 처음부터 없었던 것처럼 가볍습니다 - 조하나 / 172

## 제4장 내 삶의 주인으로

1. 700일 루틴 비결 - 가람 / 178
2. 다시 나를 재정비하는 시간 - 강명경 / 184
3. 내 삶의 주인공은 나야 나! - 김정현 / 189
4. 절제의 루틴학 - 김하세한 / 194
5. 잡스의 '아니오'가 열어준 나만의 '예스' - 쓰꾸미 / 200
6. 특별하지 않아도 그대는 경이로와요 - 양소영 / 206
7. 숙고와 복기의 시간이 필요하다 - 유가인 / 212
8. 오늘이 쌓여 달라지는 미래 - 이주민 / 217
9. 내 인생의 전환기는 20대 - 장혜빈 / 222
10. 내향인이지만 결국은 해냅니다 - 조하나 / 229

마치는 글 / 234

· 제1장 ·

# 아주 작은 루틴의 힘

# 1. 작은 성공이 차곡차곡 쌓이면

- 가람

지잉, 지잉, 지잉….

알람이 울린다.

'아, 아침이네. 이 좋은 체력을 이렇게 낭비하다니… 오늘 밤에는 일찍 자야지.'

그러나 그날도 밤을 새웠다. 이럴 줄 알고 신혼살림에 TV도 안 샀는데. 안 놓으면 뭘 해, 핸드폰으로 다 보는데.

직장을 퇴사하고 아무도 만나고 싶지 않았다. 아이가 끄는 대로 집 근처 청량리역에 나가는 것이 전부였다. 아이가 기차를 보는 동안 나는 옆에서 눈을 감고 있었다. 집에서 가장 쉽게 할 수 있는 일은 핸드폰을 보는 거였다. 어쩌다 웹툰을 보았는데 흥미진진했다. 앞에는 무슨 이야기가 있었는지 궁금했다. 1화를 찾아 정주행 했다. 웹툰은 현실을 잊게 해줬다. 웹툰을 보는 동안에는 머릿속을 가득 채운 전 직장 생활에 대한 자책과 후회가 사라졌다. 주인공이 타임 슬립을 해서 가해자를 원천 차단하거나 통쾌하게 응징하는 장면을 볼 때면 묘한 희열을 느꼈다.

"이제 자야지."

자정쯤 일을 마무리한 남편이 한마디 건넸다. 알았다고 먼저 자라고 했다. 아이는 이미 잠들어 있었다. 안방과 작은방은 네 발자국 거리다. 작은방 불빛이 스며들지 않게 양쪽 방문을 닫고 숨을 죽이고 웹툰을 계속 봤다.

"엄마, 엄마, 엄마 어디 있어?"

"응, 엄마 이제 잘 거야."

다급한 아이의 부름에 화들짝 놀라, 안방으로 후다닥 들어가 아이 옆에 누웠다. 새벽 3시였다. 토닥여주자 아이는 금세 잠들었다. 아이가 깨지 않게 발뒤꿈치를 들고 살금살금 안방을 빠져나왔다. 어둑어둑하던 창밖이 희뿌옇게 밝아오고 있었다. 또 밤을 새웠다. 매일 고정적으로 보는 웹툰이 예닐곱 개가 되었다. 재밌게 보는 웹툰의 다음 화가 보고 싶었지만 결제는 하지 않았다. 최후의 보루였다. 돈벌이도 못 하는데 이걸 결제하며 보는 건 아니라고 생각했다. 다음 화를 못 보는 대신 새로운 웹툰을 찾아보았다. 숨도 못 쉬고 빨려 들어가 눈이 아파지면 '아, 안 되는데… 이제 자야 하는데… 이것만 보고 자야지. 그래 이것만…' 하면서 결제 창이 나올 때까지 봤다. 밤새우기를 일주일에 4일씩 했다. 머리가 멍했다. 아이나 남편이 하는 얘기가 잘 들리지 않을 정도로. 토 나올 거 같았다. 하지만 멈출 수가 없었다. 목이 간질간질, 몸이 으슬으슬 감기 걸릴 것 같은 느낌이 극도에 달했다. 그러면 그때부터 몸을 사리며 이틀 정도 쉬고 다시 밤새우기를 반복했다. 6개월간 말이다.

2020년 4월 말, 우연히 밴드에서 '습관 형성 챌린지' 모집 글을 보았다. 참가비는 만 원. 한 달을 완수하면 참가비를 돌려주는 챌린지였다. 밴드 매니저는 습관을 통해 자신의 삶이 바뀌었다고 말했다. 그 말에 눈이 번쩍 뜨였다. 웹툰이 재밌지만 건강을 해치면서까지 계속 보는 나를 바꾸고 싶었다. 만 원을 내고 들어갔다. 밴드 매니저는 영역, 소요 시간, 목적을 쓰고 세 가지의 습관을 정하라고 했다. 더 하고 싶어도 최소로 하라고, 그래야 성공할 수 있다고 말했다. 소요 시간도 세 가지를 합해 10분 이내로 하고 삼 일째, 일주일째, 한 달째 성공하면 자신에게 줄 보상도 적어보라고 하였다. 세 가지 루틴을 정했다. 욕심내지 않고 10분 안에 끝낼 수 있는 것으로 정했다. 몸 관리로 플랭크 1분, 꿈 관리로 책 두 쪽 읽기, 정서 관리로 세 줄 일기 쓰기. 단 10분. 웹툰을 보는 시간에 비하면 아무것도 아니었다.

'이게 정말 효과가 있을까?' 하루 10분으로 내가 달라질 수 있을지 의문이었다. 하지만 첫날 딱 10분을 채우고 나니 의외로 기분이 좋았다. '어? 이거 괜찮네.' 몸이 피곤해도 하루 10분이면 다 할 수 있는 일들이라 부담이 없었다. 삼 일째 가뿐하게 성공한 내게 맛있는 초콜릿을 선물했다. 일주일이 지나서도 매일 플랭크를 1분 하고 책을 두 쪽 읽고 일기를 세 줄 썼다. 카페에 가서 맛있는 커피를 마시며 나만의 시간을 가졌다. 하루 이틀이 쌓여 어느새 한 달을 채웠다. 만 원을 환급받았다.

친한 언니에게 연락해 만나자고 했다.

"와 가람아, 네가 웬일이야? 그동안 잘 지냈어?"

한 달 동안 인증했고 그 보상으로 언니에게 데이트 신청한 거라 했다. 언니가 대단하다며 치켜세워줬다. 누군가에게는 짧은 한 달이었을 테지만 나에게는 길었던 한 달이었다. 그동안 결심한 세 가지 루틴을 완주한 나. 내가 생각해도 기특했다.

밴드 매니저가 한 달을 모두 채운 사람들에게 매달 습관 형성 프로그램 10만 원짜리를 할인해서 5만 원에 모집한다고 광고했다. 하고 싶기는 했지만 부담스러웠다. 그때 누군가 깃발을 들었다. 다른 밴드를 열고 우리끼리 그동안 해왔던 대로 인증해보자고 했다. 무료로. 그 말에 옳다구나 하며 그 밴드로 들어갔다. 2020년 6월이었다. 새로운 밴드에서는 100일씩 인증하자고 했다. 한 달보다는 긴 호흡이었으나 도전했다. 아이와 나들이를 다녀와 힘든 날도 있었지만 어찌어찌 100일을 성공했다. 어깨 뽕이 올라갔다. 스스로 칭찬하며 평소 눈여겨봐뒀던 프라이팬 세트를 나 자신에게 선물했다.

그렇게 이어간 루틴이 579일이 되었다. 둘째의 임신과 출산, 첫돌까지 지나면서 말이다. 퇴사 후 무기력했던 내가 꾸준히 자신을 돌보는 사람이 되었다. 단 10분으로 삶이 이렇게 달라질 수 있다는 것이 놀라웠다. 그때 웹툰을 완전히 끊지는 못했다. 하지만 몸이 피곤해서 토할 것 같을 정도로 휩쓸려가지는 않았다. 루틴으로 작은 성공을 쌓아가고 있었으니까.

그 경험은 나에게 할 수 있다는 자신감을 선물로 주었다. 루틴을 하면서 깨달았다. 내가 무엇인가 하고 있다는 그 자체만으로도 충분히 가치가 있다는 사실을. 나는 폐인이 아니었다. 내가 하는 루틴을 소중히 여기면서 내가 꽤 괜찮은 사람처럼 느껴졌다. 당신도 할 수 있다. 거창하지 않아도 괜찮다. 10분이면 충분하다. 10분 안에 할 수 있는 루틴을 찾아보자. 작은 성공을 꾸준히 쌓아가다 보면 자존감과 성취감도 차곡차곡 쌓일 것이다. 지금 소소한 루틴을 시작해보길 응원한다.

## 2. 오늘도 운동화를 세탁합니다

- 강명경

늘어지게 쉬고 싶은 주말입니다. 새까맣게 더러워진 운동화를 빱니다. 월요일 아침, 출근길에 바짝 마른 운동화를 잊지 않고 가방에 챙깁니다. 퇴근 시간이 다가옵니다. 저녁 8시, 주차장에 도착해서 준비한 운동화를 꺼내 갈아 신습니다. 머리를 질끈 묶고 모자를 눌러씁니다. 스마트워치와 핸드폰을 블루투스로 연결하고 음악을 틉니다. 뛰기 전, 스트레칭을 합니다.

"이제 시작이다."

눈을 떠보니 벌써 해가 중천입니다. 커튼은 닫혀 있지만, 미세하게 스며드는 빛이 눈꺼풀을 뜨게 합니다. 알람은 몇 번이고 울렸을 텐데, 무의식적으로 껐나 봅니다. 몸을 일으키고 싶어도 이불이 무겁게 느껴집니다. 온몸을 짓누르는 피로감 때문인지도 몰라요. 오늘도 일찍 일어나기는 실패했다고 나지막이 중얼거립니다. 일찍 자야겠다고 다짐한 게 언제였는지, 여전히 새벽까지 부스럭대다가 잠들고서 아침이면 피곤한 몸을 겨우 끌고 일어납니다. 할 일은 산더

미인데 하루의 시작부터 늦은 출발입니다. 후회하면서도 이미 늦어버린 걸 어쩌겠냐며 체념합니다.

평소에는 출근부터 퇴근까지 거의 앉아 있고, 일주일에 서너 번은 왕복 2시간 정도의 운전을 합니다. 하루에 움직이는 활동량은 3천 걸음도 안 될 만큼 매우 적은 편입니다. 이렇게 하루를 보낸 밤, 새벽 1시를 훌쩍 넘긴 시간에도 올빼미처럼 정신이 말똥합니다. 자료를 찾으려고 인터넷을 들어갔다가 수두룩 밀린 이메일을 확인합니다. 뉴스 기사를 보다가 쇼핑몰도 둘러봅니다. 그러다 SNS 알림이 뜨면 눌러, 지인들의 근황을 알고 릴스까지 보게 됩니다. 한두 시간이 훌쩍 지나 있어요. 컴퓨터 앞에서 시간을 다 보냅니다. 다시 해야 할 일을 떠올리며 몇 시간이나 잘 수 있을지 계산해봅니다. '지금 자도 다섯 시간밖에 못 자네… 내일 마저 하고 그냥 자야겠다.' 그렇게 하루가 마무리됩니다. 다음 날이면 똑같은 패턴이 반복됩니다.

이건 분명히 문제가 있어요. 매번 마음먹은 결심이 유지되기 어려울 때, 작심삼일의 자세로 살라는 말을 어디선가 주워들었습니다. 새로운 습관을 만들겠다고 결심한 지 얼마 되지도 않았는데, 언제 그랬냐는 듯이 원래의 패턴으로 돌아옵니다. '이번에는 진짜 해보자' 재다짐해도 역시나 사흘을 넘기지 못하고 무너집니다. '대체 왜 이래? 한 가지를 제대로 꾸준히 하는 게 없어…' 자책만 늘어갑니다. 이대로는 안 될 것 같아서 다른 방식으로 변화를 시도해보기로 합니다.

가장 먼저 떠오른 건 운동입니다. 몸을 좀 움직여보자는 생각, 최근까지도 손가락으로 셀 수 없을 만큼 많이 했습니다. 헬스장은 3개월, 6개월, 1년 단위로 할인 프로모션이 있습니다. 꾸준히 갈 수 있을까 고민도 잠시, 할인율이 조금 더 높은 장기간을 선택해 계약합니다. 한 달 남짓 지나면 '오늘은 몸이 무거워', '왠지 기운이 없어', '더 급한 일이 생겼어' 등 별별 핑계로 석 달도 채 못 가는 날이 허다합니다.

종목을 바꿔보면 꾸준히 할까 싶어 요가원을 가봅니다. 이건 매일 하고 싶을 만큼 저와 맞는 운동 같습니다. 하지만 비용이 부담돼서 주 2회로 다닙니다. 스트레칭부터 호흡의 흐름에 맞게 고강도로 이어지는 동작들을 따라 하다 보면 서서히 땀이 납니다. 반복하니 동작이 새롭거나 어렵지 않아서 왠지 집에서도 할 수 있을 것 같아 3개월까지만 다니고 그만둡니다. 이후에도 플라잉 요가, 필라테스, 수영들도 시도해봤지만 퇴근 무렵이 되면 '오늘은 너무 피곤해. 내일부터 하자'라는 핑계로 미뤘습니다. 한 달에 두세 번밖에 못 가니 결국 안 갑니다. 또 돈을 기부했구나 싶습니다. 돈을 투자하면 그 이상은 뽑아야지 돈이 안 아깝다고 생각하는데, 그것도 잠시입니다. 꾸준하지 못하니 의지도 약해지고 돈도 아까웠어요. 이번에는 다르게 시도해봅니다.

"일단 가자! 한번 해보자!"

아침에 운동화를 챙겨 출근합니다. 퇴근 무렵에 잠시 망설였지만 '그래도 일단 신어보자' 하며 운동화로 갈아 신습니다. 퇴근 후

차로 20분쯤 가면 트랙이 있는 종합운동장 주차장에 도착합니다. 운동장에 들어가니 밤에 운동하는 사람들이 생각보다 많습니다. 동호회인지 단체로 뛰는 사람들도 있지만, 저처럼 혼자 온 사람들도 많았어요. 조명이 살짝 어두운 곳을 찾아가서 스트레칭을 합니다. 허리에 두 팔을 얹고 목을 천천히 왼쪽으로 한 번, 오른쪽으로 한 번 돌립니다. 두 손을 툭툭 털고, 허리는 큰 원을 그리듯이 움직입니다. 그대로 왼쪽 다리는 앉듯이 접고 오른쪽 다리는 옆으로 폅니다. 허벅지 안쪽의 근육이 자극되는지 찌릿한 느낌이 시원합니다. 손을 깍지 끼고 하늘을 향해 기지개를 켜듯 쭉 올립니다. 반대쪽도 합니다.

초등학생 때 아침 조회 시간, 땡볕 아래 운동장에서 국민체조를 했던 모습이 머릿속에 스칩니다. 벌써 운동이 시작된 것 같아요. 허공에 다리를 툴툴 털어내며 운동하면서 들을 신나는 90년대 노래 목록을 선택합니다. '처음부터 무리하지 말고, 가볍게 한 바퀴만 뛰자.' 플레이 버튼을 누르고 가볍게 발을 떼면서 녹색 잔디밭을 지나 붉은색 운동장 트랙 위를 뛰기 시작합니다.

트랙 한 바퀴는 400m입니다. 느린 속도로 한 바퀴 반쯤 뛰고 나니 이제 시작인데 벌써 숨이 차오릅니다. 심장이 빠르게 쿵쾅거리고 다리는 점점 무거워집니다. 걷거나 멈추고 싶어질 때 '저기 앞에 나무 그림자 있는 곳까지만 뛰자' 하며 조금이라도 더 뛰어봅니다. 그렇게 3바퀴를 뛰었어요. 스마트워치가 평균 운동 속도를 알려줍니다. 연속으로 뛴 11분 동안 거리는 1.08㎞, 평균 속도는 5.9㎞/h,

평균 심박수는 128bpm. 그제야 운동 좀 한 것 같아 뛰던 발걸음 속도를 서서히 늦추고 빠른 걸음으로 걷습니다.

뒤에서는 헉헉대는 숨소리, 일정한 박자로 뛰는 단체 발소리가 들립니다. 천천히 뛰는 제가 방해되진 않을지 걱정합니다. 숨이 턱 밑까지 차오르지만 천천히 가더라도 멈추지 않고 움직입니다. 몇 년 동안 달리지 않다가 갑자기 쉬지 않고 달리니 몸이 얼마나 놀랐을까요. 조금만 뛰어도 숨이 차는 게 전혀 이상하지 않습니다. 오히려 체력이 많이 약해진 것 같고 그동안 몸을 방치한 것 같아요. 저를 돌보지 못해 미안하면서도 한편으로는 지금 당장 운동을 시작했다는 사실이 위안이 되기도 합니다. 건강한 체력을 위해서라도 꾸준히 해야 한다는 마음이 들었죠. 다른 사람들처럼 마라톤을 나가는 건 욕심입니다. 애초에 생각조차 못 했어요. 중학교 때 체력장에서 가장 힘들었던 게 오래달리기 종목이었거든요. 운동한 지 한 시간 반쯤 지난 것 같습니다. 주변을 보니 운동하던 사람들이 많이 없어졌어요. 안개도 살짝 깔리고 아까보다 고요합니다. 스트레칭도 잊지 않고 운동을 마무리합니다. 차를 타고 집으로 돌아가는 길, 아직 식지 않은 몸의 열기는 오랜만에 운동 후 느끼는 개운함 때문일까요. 운전하는 내내 찝찝함보다는 신이 납니다. 드디어 생각만이 아닌 실천을 했다는 게 뿌듯합니다.

이번에는 작심삼일을 넘겼습니다. 아침에 몸이 가뿐하고 활기가 돕니다. 평소와는 하루가 다르게 느껴집니다. 좋은 에너지가 계속 도는 것 같아 운동할 때도 자신감이 붙고 '조금만 더 뛰어볼까?'

하는 생각이 들어요. 그렇게 운동장 트랙을 쉬지 않고 연속으로 다섯 바퀴를 달립니다. 처음에는 주 3회 정도를 목표로 했지만 하다 보니 욕심이 생깁니다.

이제는 매일 5㎞씩 뜁니다. 3주를 달리고 나니 분명하게 느껴지는 변화가 있습니다. 어딘가 모르게 몸매도 좀 더 탄탄해진 것 같고, 거울을 볼 때마다 기분이 좋아집니다. 좋아하거나 원하는 것을 무리하지 않고 지속해서 할 수 있는 방법을 찾는 것, 이것이 일상이 주는 루틴의 힘인 것 같습니다. 오늘도 운동화를 챙겨 나갑니다.

# 3. 단란한 삼총사 가족

- 김정현

　12년 차 어린이집 선생님이다. 아이들이 좋아서 선택한 직업이다. 20대에 아이들을 보며 사랑스러운 아이를 낳고 싶었다. 그 아이와 함께 살아가는 행복한 가정을 꿈꿨다. 28살 나에게 딱 맞아 보이는 남자를 만나서 결혼했다. 남편은 착한 사람이다. 연애 시절 크게 싸워본 적도 없었고 잘 맞았다. 성격도, 좋아하는 것도 비슷했다. 결혼 생활은 기대 속에 시작되었다.
　결혼을 하니 다른 점도 많았다. 나는 잠이 많다. 9시면 잠이 든다. 남편은 잠이 적다. 12시가 넘어야 잠이 든다. 나는 아침을 꼭 먹는다. 남편은 아침을 먹으면 속이 불편하다고 한다. 다른 점들로 갈등은 없었지만, 불편한 부분은 있었다.
　결혼 3개월 만에 '축복이'가 선물로 찾아왔다. 임신과 일을 병행하는 게 쉽진 않았지만, 기쁘게 태교하며 건강하게 출산했다.

　결혼 후 임신과 출산으로 변화가 찾아왔다. 소중한 아기지만 엄마가 되는 건 처음이기에 어려운 부분도 많았다. 보통 사람들보다 잠이 많은 편이다. 육아를 해본 엄마들은 공감할 거다. 신생아를 키울 때 힘든 점은 잠 부족이다. 2~3시간마다 일어나서 수유해야 하는 시기에 매일 잠과 싸워야 했다. 남편이 함께 수유를 돌아가며 하자고 했지만, 다음 날 출근을 해야 하기에 휴직 중인 내가 했다.

육아는 단거리 달리기가 아니다. 체력은 점점 지쳐갔고, 행복하지만 웃음이 줄어들었다. 그런 모습을 본 남편은 자기가 잠이 적은 편이니 퇴근 후 자기 전까지, 출근 전 새벽 수유를 해보겠다고 했다. 결혼 후 처음에는 수면의 리듬이 달라서 이에 따라 불편한 점도 있었는데 서로 다른 부분이 긍정적인 합이 되기도 하였다. 그렇게 시작한 남편과의 수유 루틴으로 통잠을 잘 수 있었다. 너무 행복했다. 삶의 질이 높아졌다.

삶의 여유가 생기니 남편에게 고마운 마음이 들었다. 처음에는 우리가 낳은 아이니까 당연하다는 생각도 있었지만, 묵묵히 노력해주는 남편 모습을 보며 든든하고 고마운 마음이 커졌다. 고마운 마음을 전하고 싶었다. 새벽 수유 후 출근한 남편에게 모닝 카톡으로 마음을 표현해보았다.

"새벽부터 수유하고 출근하느라 수고했어. 오늘도 수고해!"
"자기 덕분에 잘 잤어. 고마워!"
매일 아침 신랑에게 비타민 같은 메시지를 받는다.
"오늘 축복이랑 좋은 하루 보내. 사랑해!"
"무리하지 말고, 오늘도 파이팅!"
매일 아침에 1분 이내의 시간을 투자해 나누는 카톡 한마디가 하루 시작의 활력이 된다. 출근 후 모닝 카톡은 우리 부부가 12년째 매일 하는 루틴이다. 가끔 저녁에 서운했다가도 아침에 모닝 카톡을 보면 어느새 웃음을 짓게 된다. 유독 출근하기 힘든 아침에 모닝 카톡을 보면 힘이 난다. 작은 루틴은 부부 관계에 큰 원동력이 되고 있다.

우리에게 선물로 찾아온 축복이는 하나뿐인 아이다. 어린이집 선생님이라 내 아이를 어떻게 키울지에 대한 철학이 뚜렷했다. 어린이집 아이들을 위해 최선을 다하는 교사인 만큼 내 아이에게도 다 해주고 싶었다. 그중 가장 중요하게 생각한 것은 영아기 애착이었다.

신학기부터 일을 시작해야 하는 특수성으로 아이 11개월쯤 복직하여 일을 시작했다. 일하는 시간 동안 친정 부모님이 집에서 보살펴주셨다. 감사했지만 마음 한편으론 부모님에게도 아이에게도 미안했다. 그해 어린이집에서도 같은 연령 아이들 담임 선생님이 되었다. 눈을 뜨는 순간부터 감는 순간까지 영아들을 돌보았다.

퇴근하고 집에 가는 길, 아이를 볼 생각에 설레고 기뻤다. 하지만 8시간 일을 하고 집에 가는 길이기에 몸은 지칠 때도 있었다. 퇴근할 때 동료 선생님에게 우스갯소리로 인사했다.

"저는 다시 출근하러 갑니다."

아이는 하루 종일 엄마를 기다렸을 거다. 조부모님의 사랑도 크지만, 엄마라는 존재는 대신할 수 없기 때문이다. 다시 힘을 내본다. 퇴근 후 아이를 만난 순간에 힘든 표정이 아닌 밝은 표정으로 인사하고 싶었다. 언젠가 너무 지친 날은 집 앞 벤치에 앉아서 10분간 충전을 한 후 집으로 들어간 적도 있다.

집에 들어가서 제일 먼저 하는 루틴은 아이와 밝게 인사를 나누고 씻은 후 '놀이하기'였다. 영유아기 아이에겐 놀이가 세상의 전부다. 가장 쉽게 소통할 수 있다. 아이와 나의 작은 루틴이 퇴근 후 30분 놀이였다. 날 기다린 아이와 만났을 때 가장 먼저 아이가 좋아하는 놀이를 함께하는 것이었다. 아이가 상상 놀이를 좋아했다. 아이와 놀이하며 안 해본 역할이 없다. 함께한 수만 가지의 놀이가 매일매일 쌓여갔다.

이 루틴은 남편도 함께 노력하여 지켜주었다. 남편은 퇴근이 늦어지면 다음 날 출근하기 전 놀이를 하기도 했다. 남자여서 어릴 적 상상 놀이를 해본 기억이 없는 남편이지만, 딸을 위해 실감나게 놀이에 몰두했다. 덕분에 지금 아이와 두터운 관계가 형성되었다. 아이와 연결고리는 작은 놀이 루틴에서 시작된 애착이다.

루틴을 실천하며 많은 것을 느낀다. 첫 아이를 낳고 힘들고 서툴렀던 그 시절, "나는 회사 가니까 육아는 당신이 해야지." "집에서 육아, 살림하는 건 쉬운 줄 알아? 얼마나 힘든데" 하는 말들로 서로 나의 입장에서 나의 말만 했다면, 지금 남편과 나의 관계는 형성될 수 있었을까? 함께 노력하는 모습을 고마움이 아닌 당연함으로 여기며 표현하지 않았더라면, 출근 후 모닝 카톡의 루틴이 없었다면, 서로 긍정적인 마음의 표현이 어색한 부부가 되었을 것이다.

맞벌이로 육아가 어려울 때도 있었지만 아이와의 시간은 소중했다. 퇴근 후 함께하는 놀이 루틴이 없었다면 지금 화목한 관계는 없을 거다.

작은 루틴도 힘이 있다. 이벤트보다 삶에 스며드는 가족 루틴이 최고다.

## 4. 루틴이 없다면 루저?

- 김하세한

    삶이 해이해졌다고 느껴질 때마다 나는 어김없이 새로운 목표를 세웠다. 아니, 어느샌가 목표를 세우는 일이 취미가 되어버린 듯 습관처럼 반복되었다. '이번에는 다를 거야.' '이번만큼은 반드시 해낼 거야.' 결심이 선 순간만큼은 세상을 다 가진 듯 달뜬 기분이었다. 하지만 실천보다는 늘 준비에 더 몰두했다. 운동을 시작하겠다며 가장 먼저 한 일은 운동복을 사는 것이었다. 독서를 하겠다며 책을 읽기보다 목록을 만들고 책을 사는 데 열을 올렸다. 새벽까지 잠들지 못하는 생활을 하면서도 무턱대고 아침형 인간이 되겠노라 다짐했다. 결과는 뻔했다. 며칠을 못 가 흐지부지되었고 처음의 열정은 언제 그랬냐는 듯 사라졌다. 그러다가 흔적도 남기지 않고 온 데간데없이 사라지면서 원래의 모습으로 돌아갔다. 새로 산 운동복은 어디에 뒀는지도 모른 채 사라졌다. 책상 한 켠에는 야심 차게 준비했던 책들이 책장의 장식품이 되어 먼지만 쌓여갔다.

    그 모습을 지켜보다가 스스로에게 실망을 하고 다시 결심을 한다. 이번에는 더 강하게, 더 완벽하게 해야 한다고 생각했다. 공식적인 시작일까지 정해두고 다시 마음을 다잡았다. '1월 1일이 지나면 설날이 있으니까, 그때부터 다시 시작하면 되지.' '3월이 되면 신학기가 시작되니까, 제대로 정리하고 시작해보자.' '7월 1일이면 상반기가 끝나고 새로운 반년이 시작되니, 이번 기회에 확실히 해보자.' '9월이면 2학기니까 이번에는 정말 제대로 해야 해.' 그렇게 시작을 위한 날들만 계속 늘어갔다. 하지만 패턴은 언제나 같았다. 목표를 세우고, 계획을 짜고, 며칠은 열심히 실천하지만 시간이 지나면서 다시 흐지부지. 그리고 새로운 시작일을 기다리며 미뤘다. '지금부터 다시 하기는 애매하니까, 다음 달 1일부터 제대로 해보자.' 그렇게 나는 또다시 미루고, 처음으로 돌아갔다. 그러던 어느 날 알았다. 목표를 이루는 것에 집중하기보다 세우는 것에 집착하고 있었다. 마치 목표를 세우는 순간 달성한 것처럼 착각하고 있었다. 정작 중요한 것은 지속하는 것이고, 실천하기 위한 꾸준함이 바로 루틴이라는 사실을 그제야 깨달았다.

그 후 나는 루틴이란 무엇인지, 어떻게 해야 지속할 수 있는지 고민하기 시작했다. 목표를 이루기 위해 필요한 것은 완벽한 계획이 아니라, 매일 반복할 수 있는 작은 습관이었다. 더 이상 '시작을 위한 날'을 만들지 않기로 했다. 특별한 날을 기다리는 대신, 오늘을 시작하는 날로 정했다. 루틴을 만드는 과정에서 나는 성공한 사람들의 사례를 찾아보았다. 그들은 루틴을 단순한 습관이 아니라 삶의 중요한 원칙으로 삼고 있었다.

일론 머스크는 하루를 5분 단위로 계획하여 집중력을 극대화했다. 그는 단순히 시간을 관리하는 것이 아니라, 의사결정의 피로도를 줄이기 위해 루틴을 활용했다. 매일 처리해야 할 수많은 업무 속에서 불필요한 고민을 없애고, 가장 중요한 일에 몰두할 수 있도록 스케줄을 철저하게 쪼개어 관리했다. 이를 위해 그는 '타임 블로킹(time blocking)'이라는 기법을 활용했다. 하루를 5분 단위로 나누어 일정한 시간에 특정한 업무를 배정하는 방식이다. 이러한 루틴으로 테슬라, 스페이스X, 뉴럴링크 등 여러 회사를 운영하는 것이 가능했다.

코비 브라이언트는 NBA의 전설적인 선수였지만, 그는 타고난 재능만으로 성공한 것이 아니었다. 그의 비밀은 매일 새벽 4시에 시작하는 훈련 루틴이었다. 보통의 선수들이 오전 9시쯤 훈련을 시작할 때, 그는 이미 5시간 가까이 개인 연습을 마친 상태였다. 단순히 다른 선수들보다 열심히 한 것이 아니라, 루틴을 통해 하루를 효율적으로 활용한 것이다. 하루에 1,000번 이상의 슛을 던지는 것을 목표로 삼았으며, 몸이 힘들 때도 루틴을 지키기 위해 훈련을 멈추지 않았다. 루틴을 통해 하루 한 시간 더 연습한 것이 쌓이고 쌓여, 결국 압도적인 실력 차이를 만들어낸 것이다.

워렌 버핏은 단순한 투자자가 아니다. 그는 세계에서 가장 성공한 투자자 중 한 명이며, 그의 성공 뒤에는 하루의 80%를 독서에 투자하는 루틴이 있었다. 투자 결정을 내리기 전에 철저한 분석과 학습을 바탕으로 한 정보 수집을 중요하게 여겼다. 대부분의 사람들이 단기적인 수익을 위해 투자할 때, 그는 루틴을 통해 장기적인 안목을 기르는 데 집중했다. 그의 하루는 아침에 시작되어 대부분의 시간을 책, 신문, 기업 보고서를 읽는 데 사용했다. 만약 그가 독서라는 꾸준한 루틴 없이 감으로 투자했다면, 결코 '투자의 신'이라는 명성을 얻지 못했을 것이다.

성공한 사람들의 루틴을 살펴보면서, 일론 머스크의 철저한 시간 관리, 코비 브라이언트의 새벽 훈련, 워렌 버핏의 독서 습관 모두 인상적이었지만 가장 참신하면서도 공감이 갔던 사례는 빌 게이츠의 '설거지 루틴'이었다. 세상의 부를 가진 사람이라는 점을 고려하면, 매일 밤 직접 설거지를 한다는 말은 더욱 신선하게 다가왔다. 그는 원하는 것을 언제든 다른 사람에게 맡길 수 있는 위치에 있었다. 하지만 그는 설거지를 단순한 집안일이 아니라, 하루를 정리하는 과정으로 여겼다. 나는 이 이야기를 처음 접했을 때 설거지가 성공과 무슨 상관이 있을까 싶었다. 생각해보니, 이 단순한 행동이야말로 자신만의 리듬을 만들고 하루를 차분하게 마무리하는 과정이었다. 그는 복잡한 의사 결정을 내려야 하는 하루를 보내고 나서, 설거지를 하며 단순한 반복적인 행동 속에서 머리를 정리하고 마음을 가다듬었다.

그 순간, 나는 내 일상 속 설거지를 떠올렸다. 피곤한 날이면 밥을 먹고 나서도 그릇을 싱크대에 쌓아두고 '나중에 해야지'라고 미뤘다. 다음 날 아침 남겨진 설거지를 보면 하루를 시작하기 전부터 피곤해졌다. 반면, 저녁에 설거지를 깨끗이 마친 날은 아침을 훨씬 개운하게 시작할 수 있었다.

성공한 사람들의 사례를 통해 루틴이 단순한 반복이 아니라 성장시키는 힘이 될 수 있음을 알았다. 처음에는 루틴을 완벽하게 지키려고 했다. 새벽 5시에 일어나 운동을 하고, 하루 한 시간씩 독서를 하고, 밤에는 깊이 있는 글을 쓰겠다고 다짐했다. 하지만 현실은 달랐다. 머리로는 이해했지만, 몸이 따라주지 않았다. 늦게까지 일하거나 일정이 있으면 아침 운동을 건너뛰었고, 피곤한 날에는 책을 펼쳐도 몇 줄 읽지 못한 채 잠이 들었다. 한 번 흐트러지면 다시 돌아가기 어려웠다. 그리고 또다시 새로운 시작을 기다리고 있었다.

여전히 멈춤을 경험했지만 이번에는 포기라고 여기지 않았다. 실패를 반복하면서도 나는 루틴의 본질을 다시 고민하기 시작했다. 강박적으로 무리한 루틴을 만들었던 과거의 나와는 달라졌다. 이제는 현실적으로 실천 가능한 범위에서 루틴을 정하고, 그것을 지속하는 것이 얼마나 중요한지 알게 되었다. 작은 습관들이 모여 나를 조금씩 변화시키고 있었다.

더 이상 '언젠가 해야지'라고 생각하지 않는다. 오늘도 내가 정한 루틴을 지킨다. 그것이 성장으로 한 발짝 이끌 것이다. 글을 마무리하면서 저녁 가로등 불빛을 위로 두고 걷기를 위해 천변 산책길로 나간다.

# 5. 나는 쓰꾸미

- 쓰꾸미

엘리베이터 점검이 1시간 남았다. 기다릴까 말까.

남성, 한국인, 40대, 남편, 아버지, 아들, 남동생, 사위, 엔지니어, 회사원, 리더, 작가, 러너, 독서가. 나를 표현하는 단어다. 해야 하는 일과 하고 싶은 일이 다르다. 해야 할 일은 역할에 따라 다양하다. 아버지에게 좋은 아들이면서 동시에 아내에게 좋은 남편이기는 힘들다. 공통으로 할 수 있는 일이 있지만, 다르게 행동해야 할 일이 더 많다. 행복을 움켜쥐기 위해 러너, 작가, 그리고 가족을 선택했다.

해외 현장에서 계약직 직원을 뽑는 과정 중, 55세 이상의 지원자들은 건강 검진 결과 기준이 강화되었다. 경험이나 업무 실력보다 건강 관리가 경쟁력이 되었다. 트렌드가 바뀌었다. 기대 수명이 늘어남에 따라 하고 싶은 일을 하며 노후를 보내고 싶었다. 매년 건강 검진을 받는다. 2024년 콜레스테롤 수치가 기준(200mg/dℓ)보다 높아 의사가 운동을 권했다. 집 안에서 할 수 있는 스쿼트로 시작했다. 닮고 싶은 광식 님과 선혜 님이 달리기를 추천해서 2024년 3월부터 달렸다. 요즘은 매일 5㎞를 달린다. 스트레칭 10분, 달리기 40분, 마무리 10분, 샤워 20분, 출근 준비 10분. 하루 1시간 30분을 쓰고 있다.

베스트셀러를 쓰고 강의하는 작가가 되어 하루를 보내고 싶다. 현재는 회사원이지만 작가의 꿈을 꾼다. 작가가 되는 건 쉽지 않다. 책을 읽어야 쓸 수 있다. 책 속 밑줄 친 문장을 필사하거나, 노션(Notion, 생산성 플랫폼)에 정리한다. 읽으며 떠오른 생각을 잊지 않기 위해 블로그 서평을 올린다. 읽고 생각하고 쓰며 새벽 시간을 채웠다. '초고는 세상에 공개하지 않는다'라는 말에 뒤도 안 돌아보고 개인 저서의 분량을 채웠다. 퇴고를 준비하지만 결국은 5개월이 넘도록 똑같은 페이지만 열었다 닫기를 반복했다.

새벽 3시에 뛰었다. 책 한 챕터를 읽고, 정리하고, 생각을 기록했다. 개인 저서를 쓰다가 5시 40분에 타야 하는 광역버스를 놓칠까 봐 노트북을 급하게 덮고 정류장으로 뛰었다. 차 안에서 야나두로 업무에 필요한 영어를 공부하고, 한국경제신문으로 경제 흐름을 살폈다.

회사에 출근해서 업무를 하다 시계를 보면 퇴근 시간이었다. 퇴근길에 구글 캘린더를 열어 가족 스케줄을 확인했다. 식사 후에 딸에게는 후식으로 뽕따를, 아내에는 설거지를 선물했다. 좋은 하루 마무리를 위해 필요했다. 왜냐하면 딸이 가지고 가지 않은 수정테이프를 달라고 치근거렸기 때문이다. 수정테이프, 30㎝ 자, 지우

개, 칼처럼 가족이 함께 쓰는 물건들은 대부분 딸의 책상이나 서랍에서 찾을 수 있었다. 다이어리를 쓰다가 수정이 필요해서 찾은 수정테이프를 딸이 가지고 있는 줄 알고, 묻고 같이 찾았지만 없었다. 아침에 자를 찾기 위해 연 서랍 오른쪽 깊은 곳에서 어제 딸과 찾았던 수정테이프를 발견했다. 미안한 마음에 저녁을 먹으면서 딸에게 사과했다. 아내가 싫어하는 아이스크림 선물이지만, 딸의 기분을 풀어주고 싶은 마음이 먼저였다.

    백 세 시대다. 절반이 지나지 않았다. 오늘이 인생에서 가장 젊다. 원하는 대로 살아도 아직 늦지 않았다고 나를 위로했다. 원하는 것을 갖기 위해 일상을 무엇으로 채울지 고민했다. 생각이 많을 땐 쓴다. 종이를 꺼내 행복이라는 단어를 먼저 적었다. 그 밑에 달리는 사람, 쓰는 사람, 가족이라고 써 내려갔다. 그리고 달리는 사람 옆에는 '건강한 기본 다지기', 쓰는 사람 옆에는 '경제적, 시간적 자유 달성', 가족 옆에는 '안전한 울타리'라고 적었다. 현재 위치와 이루고자 하는 목표를 그려본다. 둘 사이가 멀어 보였다. 일찍 시작할걸. 후회가 먼저였고, 다음은 당황이었다. 뭐부터 시작해야 할지 감이 잡히지 않았다. 30분이 넘도록 거실 시계 소리만 크게 들렸다. 뻣뻣해진 고개를 좌우로 흔들며 기지개를 켰다. 해야 하는 일을 생각하고 계획을 세우느라 작은 바늘이 7에서 9 위로 올라갔다. 내일 다시 생각해보겠다며 결론을 미루고 잠자리에 들었다. 다음 날엔 전날 세운 세 줄 방법이 맞냐 틀리냐, 생산적이냐 효율적이냐를 따지며 또 하루를 보냈다. 세 줄은 부족해 보여 수정했다. 가능성을 계산하고 판단하며 쳇바퀴 돌듯 반복했다.

시간만 흘러보냈다고 불평했다. 기분을 바꾸고 싶어 산책했다. 1층까지 엘리베이터를 타고 내려가 아파트 주변을 걸었다. 걸음 수를 셌다. 천을 넘고 나서는 숫자가 헷갈렸다. 그래서 다시 일부터 세기 시작했다. 반복했다. 세 번째 천을 만나고 나니, 쌀쌀함도 느껴졌다. 주변 놀이터에서 아이들이 보였다. 이제 집으로 돌아갈 때였다. 1층에서 엘리베이터를 기다리는데, 5분을 기다려도 지하 3층에서 움직이지 않았다. 손목시계를 봤다. 손목시계의 시간이 틀린 줄 알고 다시 핸드폰도 확인했다. 시간은 맞는데 엘리베이터 층수의 화면은 바뀌지 않았다. 오른손 검지로 주변을 훑기 시작했다. 승강장 옆 안내판에 엘리베이터를 점검한다는 공지 사항이 눈에 들어왔다. 점검이 끝날 때까지 아직 1시간이 남았다. 결정해야 했다. 올라갈 것인지, 아니면 기다릴 것인지. 계속 1층에서 기다리는 선택은 나와 맞지 않았다. 그래서 층계로 올라가기 위해 비상문을 열었다. 우리 집은 13층이다. 계단을 올라가면서 문득 이런 생각이 들었다. 내가 원하는 곳을 한걸음에 올라가려고 하는 것은 아닌지. 내가 가볍게 실천할 수 있는 한 계단씩 올라갈 방법을 만들고 포기하지 않으면, 13층까지 올라갈 수 있다. 집으로 돌아와 루틴을 '13층을 한 번에 올라가기'가 아닌 '계단 하나'로 수정했다.

저녁 8시가 되면 식탁에 앉아서 책을 꺼냈다. 구글 위치로 10분 알람을 맞춘다. 그리고 알람이 울릴 때까지 책을 읽는다, 이 루틴을 만드는 데 스마트폰은 방해물이다. 그래서 만 원을 주고 구글 위치를 샀다. 핸드폰은 안방에 두고, 거실에서 책을 읽으면서 좋은 문장 하나를 찾으려고 읽는다. 이렇게 시작했다. 가끔 책의 내용이 끊기는 것이 아쉬워서 10분을 넘기도 했다. 어떤 날은 10분이 10시간처럼 느껴졌다. 그땐 일부러 소리 내어 읽는다. "나 책 읽고 있다!" 이런 모습을 가족들에게 자랑하는 느낌으로 크게 소리 냈다. 그러다 알람이 울리면, '좋아! 오늘도 10분'이라며 나를 칭찬해준다. 10분을 넘게 읽고 아내에게 메시지를 보낸다. 그렇게 루틴을 완료하고, 다이어리에 완료 표시한다. 10분 독서 중에 '성공은 지루함을 이기는 것이다'라는 문장을 찾았다면, '실패는 새로움만을 찾는 것이다'로 바꾼다. 그리고 블로그에 손으로 끄적인 종이를 사진 찍어 비공개로 글을 올린다. 가끔은 사진으로 아쉬워서 몇 줄 더 블로그에 쓰기도 한다. 그리고 나에게 메시지를 보낸다. 좋은 문장을 수집하고, 내 생각을 한 문장씩 덧붙여본다. 쓴 생각을 일상에 적용도 해본다. 글쓰기를 완료하고 성취감과 함께 잠자리로 향한다. 다음 날 개운한 기분으로 아침을 맞는다. 기분 좋은 알람이 울리고, 운동복으로 갈아입는다. 내가 좋아하는 영화 '록키'의 OST, 'Eye of the Tiger'의 리듬에 맞추어서 몸을 흔들며 현관으로 걸어간다. 운동화를 신고 달린다. '런데이' 어플에서 '30분 달리기 도전' 미션에 성공한다.

주말 아침에 일어나면 캘린더를 확인한다. 아침에 가족들과 달리고, 동네 맛집에서 다 같이 점심을 먹는다. 한 달에 두세 번은 처가 식구와 같이 가기 위해 주중에 예약을 한다. 식사 마치고 커피를 마시며, 각자 하고 싶은 것들을 하며 카페에서 시간을 보낸다. 다음 주에 또 모이자고 약속한다.

루틴을 시작한 이유는 내 정체성을 이루기 위함이다. 나는 쓰꾸미. 읽고, 생각하고 쓰면 꿈이 이루어진다는 필명을 쓴다. 부모가 되니 내가 성장하는 만큼 자녀도 성장할 수 있었다. 내가 실천하는 모습을 보며 자란 아이가 행복하게 자라기를 바란다. 꾸준함의 힘을 믿고, 실천으로 일상을 쌓는 태도가 대물림되었으면 한다. 나 역시 루틴의 힘 덕분에 1년에 책을 20권을 넘게 읽고, 내 노트에 읽으며 기록하였던 문장을 모았다. 모은 문장으로 글 쓰는 연습을 하다 보니 내 이름이 들어간 공저 책 7권을 출간했다. 매일 꾸준히 달림에 따라 나는 이제 10㎞를 넘게 달리는 사람이 되었다. 내가 실천하는 루틴으로 가족들과 함께 늘 행복을 누리고 싶다. 나에게 루틴은 행복으로 연결된 계단 한 칸이다. 하루 루틴을 실천하였다고 해서 크게 바뀌는 것은 없다. 그렇지만, 이것이 10년이 넘게 쌓인다면, 난 분명 달라진다. 루틴으로 바뀐 내 미래의 모습이 나를 기다리므로, 오늘도 미션 클리어.

# 6. 루틴은 성공한 사람들만의 특권인가

- 양소영

**실패가 두려워 아무것도 하지 못하던 그 시절**

1980년 9월경 광주 민주화운동이 끝나고 전두환 대통령을 각하라 깍듯이 예우하던 그 시절.

국민학교 1학년인 나는 시대의 슬픔과는 상관없이 일생일대의 위기를 맞이한다. 가을운동회에서 100미터 달리기를 해야 한다. 운동장은 만국기, 박 터뜨리기, 큰 공 굴리기 등으로 발 디딜 틈이 없다. 낡은 스피커에서 울려 퍼지는 행사 전용 음악 소리, 굿거리 장단을 두들기는 아이들의 소고 소리, 사람들의 왁자지껄한 수다가 뒤섞여 있다. 엄마들은 각양각색의 도시락을 싸 들고 아침부터 운동장 끝에 있는 플라타너스 나무 아래 자리를 잡고 있다. 가슴이 쿵쾅거린다. 손에 땀이 나고, 온몸이 떨린다. 엄마와 친구들 앞에서 뛸 생각을 하니 눈앞이 흐릿해진다. 마법사처럼 연기 속으로 순간 사라지고 싶다.

출발선에 선다.

탕!

출발을 알리는 총소리가 울려 퍼지자 있는 힘껏 달리기 시작한다. 친구들은 하나둘 나를 앞질러 간다. 이윽고 멀어져 보이지 않게 된다. 엄마는 내가 출발하는 모습을 분명히 봤는데, 도착하지 않자 어디 있냐며 계속 나를 찾아보았다고 한다. 그런데 나는 결국 다음 줄에서 당당히 1등으로 들어왔다!

단순히 달리기에서 꼴찌가 된 것이 문제는 아니었다. 사람들이 내 모습을 보고 웃을 때 그 웃음은 당시의 나에겐 비웃음처럼 들렸다. 어린 나이에 그 사건은 깊은 열등감으로 남았다. 이후로 달리기는 내게 공포의 대상이 되었고, 그 두려움은 마치 선명한 사진처럼 내 마음속에 각인되어 쉽게 지워지지 않았다. 어디 달리기뿐이었을까. 노래, 그림, 춤과 같은 예체능은 나에게 도전 자체가 상상할 수 없는 두려움의 영역이 되었다. 못한다고 생각하니 자존감은 더욱 낮아졌고, 점점 더 위축되었다. 스스로를 성장시킬 수 있는 도전의 가능성을 완전히 차단해버린 셈이었다.

**포스트모더니즘 시대, 루틴에 대한 회의적인 시선**

서울에 있는 대학에 입학했다. '익산에서 서울로 오다니! 우물 안 개구리가 넓은 세상을 보겠구나. 그것만으로 내 시야가 넓어질 거야. 이러다 유명해지는 거 아냐?'

경영학개론 수업이 끝나고 하숙집으로 가려는데 과 동기인 K가 말했다.

"소영아, KFC에 비스킷 먹으러 가자."

친구들의 손에 이끌려 KFC에 첫발을 디뎠다. '이게 비스킷이구나.' 많이 먹어본 사람처럼 친구들 따라 딸기잼을 비스킷에 발라봤다. 퍽퍽한 비스킷을 꿀꺽 삼켰다.

그날 같이 비스킷을 먹던 K는 방학마다 종로 학원가에서 종일 영어 공부를 하더니, 결국 미국으로 1년간 어학연수를 떠났다. 같은 대학, 같은 과를 다녀도 그녀는 나와는 전혀 다른 세계에 사는 사람 같았다.

당시 나는 포스트모더니즘을 세련된 세계관이라 여겼다. 포스트모더니즘은 획일적인 잣대를 들이대지 않고 각자의 고유성을 인정하기 때문이다. 나와 다른 부류의 친구들에 대한 열등감 혹은 반감이었을까. '자기 계발'은 속물들의 영역처럼 여겨졌고, 긍정적 사고방식이나 아침형 인간 같은 개념은 사람들을 계몽하려는 숨은 의도처럼 느껴졌다. 가치 있는 삶을 추구하는 지성인으로서 성공 지향적인 자기 계발을 거부했다. 루틴 역시 자기 계발에서 강조하는 핵심 영역이었다. 자기 계발이나 루틴은 출세 지향적인 사람들이나 기득권에 있는 사람들이 추구하는 삶의 방식이라고 생각했다.

### 비루한 삶의 현장에서 비로소 깨닫게 되는 루틴의 가치

2006년 6월, 24개월 된 딸과 함께 남편을 따라 아프리카로 향했다. 아프리카에 대한 로망과 설렘은 잠시였다. 해변 도시의 후덥지

근한 날씨 속에서 연속적인 단전과 단수를 겪었다. 일상은 원초적 생존이라는 새로운 도전으로 바뀌었다.

일이 전부인 양 워커홀릭으로 살다가 어느 날 갑자기 아프리카에서 전업주부가 되었는데, 이 두 살짜리 꼬맹이는 왜 이리도 호락호락하지 않은 걸까? 이 아이의 인격을 있는 그대로 존중하는 일이 회사 본부 팀장으로 일하는 것보다 더 어렵다는 걸 왜 미처 몰랐을까? 초등학교만 졸업한 친정엄마는 우리 삼 남매를 능숙하게 키우신 것 같은데, 대학을 멀쩡하게 졸업한 나는 왜 이 아이 한 명에 쩔쩔매고 있을까?

엎친 데 덮친 격으로 둘째를 임신하게 되었다. 탄자니아에서 낯선 현지 병원을 방문하는 것은 부담스러웠다. 그래서 둘째는 정기검진을 받지 않기로 했다. 때가 되면 자연분만을 하겠다고 마음먹었다.

임신 5개월째, 여전히 입덧도 심하고 배는 임신 7~8개월처럼 불러왔다. 첫째 때와 무언가 다른 느낌이었다. 어렵게 한국인 의사를 찾아 초음파 검사를 받았다. 의사가 여러 번 초음파를 해보더니 말한다.

"어? 쌍둥이네요?"

"에이, 설마요. 그럴 리가 없어요."

산부인과 의사는 쌍둥이 출산이 아이들의 생명에 위협이 될 수 있다며, 한국에서 수술을 받을 것을 권했다. 급히 귀국해 제왕절개 수술을 받았고, 2kg 남짓한 쌍둥이는 태어난 지 45일 만에 탄자니아행 비행기에 올랐다. 양가 부모님을 비롯한 사회적 지원 체게 없이, 세 아이를 돌보는 본격적인 육아의 여정이 시작되었다. 그 이후 나의 일상은 단 한 가지도 쉬운 일이 없었다. 물과 전기의 소중함은 물론, 열악한 환경 속에서 어린 세 아이를 돌보는 일은 멋진 이론이나 고상한 이상이 개입할 틈이 없는, 매일같이 치열한 생존의 싸움이었다.

일상의 소중함을 깨달았다. 평범한 엄마들은 매일의 삶을 성실히 살아간다. 아프리카 현지 주민들 또한 주어진 환경에 만족하며 살아간다. 그제야 알게 되었다. 지식이나 학문보다 중요한 것이 있었다. 육아는 누구나 할 수 있는 일이라 생각했지만, 실제로 해보니 어려운 일이었다. 배우며 살아가는 지혜가 필요했다. 세상이 모두 내 마음대로, 내 계획대로 흘러갈 거라는 착각에서 드디어 벗어날 수 있었다.

이후, 어린 세 아이를 키우며 매일 스와힐리어 공부를 시작했다. 집 안의 모든 벽면은 스와힐리어 단어장으로 변신했다. 현지 초등학교 1학년 국어(스와힐리어) 교과서를 매일 외우듯 파고들었다. 어느 순간, 뭔가 자신감이 생기기 시작했다. 현지 주민들과 더듬더듬 대화할 수 있게 되었다. 나를 기특하게 여기는 그들의 따뜻한 시선이 응원처럼 느껴졌다.

탄자니아에서 살며 자기 계발에 대해 회의적이었던 생각이 바뀌었다. 자기 계발은 거창한 것이 아니었고, 출세를 목표로 하는 것도 아니었다. 그것은 일상을 충실하게 살아가는 사람들의 삶의 태도였다. 지식이 중요한 것이 아니었다. 한국 아줌마의 좌충우돌 탄자니아 생활은 평범한 일상의 거룩함을 일깨워주었다. 그리고 그 일상은 작은 루틴을 통해 구별된 삶의 영역이 되어갔다. 마치 가랑비에 옷이 젖듯, 천천히 그렇게 말이다. 나 같은 소시민이 살아온 각자의 인생이 사실은 위대한 인생들이었다.

신기하다. 스스로를 특별하다고 생각할 때보다, 평범한 소시민이라고 생각하니 오히려 뭐든지 시작할 용기가 생긴다. 지금 내가 처한 곳에서 일어설 수 있을 것 같다. 나의 일상이 내 삶의 출발점이다. 할 수 있는 일을 하자. 가급적 꾸준히 하자. 나에게 일상의 평범한 루틴은, 다른 사람과 비교하지 않고 나 자신을 있는 그대로 온전히 지켜보는 따뜻한 시선의 루틴이다.

탄자니아에서 보낸 5년, 낯선 땅에서 아이를 키우며 깨달았다. 작은 습관 하나를 꾸준히 실천하는 것만으로도 삶이 긍정적으로 변할 수 있다는 것을. 소시민의 삶을 행복하게 만드는 힘은 대단한 성공이나 큰 업적이 아니다. 그것은 바로 소소한 습관에서 나온다.

작은 습관들은 자신을 존중하고 아끼는 방법이다. 가난한 사람, 느린 사람, 무기력한 사람, 지친 사람도 자신만의 루틴을 가지고 있다. 그것은 삶을 긍정적으로 변화시킬 수 있는, 마치 편안한 친구 같은 존재다. 작은 루틴의 실천들이 결국 삶에 깊이를 더하고, 내일의 나를 조금씩 변화시킨다.

## 7. 나만의 길을 찾아가는 중입니다

- 유가인

　루틴을 어떻게 시작하게 됐는지 처음을 돌아봅니다. 배움에 진심인 사람입니다. 성장 욕구가 강합니다. 남자 친구와 단둘이 여행 갈 때도 독서 모임에 빠지지 않을 정도입니다. '자기 계발'이란 이름으로 독서와 운동을 SNS에 인증했습니다. 100일 프로젝트에도 참여했습니다. 잠깐의 이벤트일 뿐, 근본적인 변화는 없었습니다. 미라클 모닝도 마찬가지였죠. 아침 기상을 지속하지 못했습니다. 한가지를 꾸준히 해본 경험이 거의 없었습니다. 자이언트 북 컨설팅 수업에서 송 작가를 알게 됐습니다. 블로그에서 루틴을 함께할 회원을 모집한다는 공지를 보았습니다. 매일 새벽 4시 기상을 천 일 넘게 실천하고 있었습니다. 루틴을 꾸준히 해보고 싶었습니다. 최고의 변화는 '내가 되고 싶은 사람이 있는 곳'에서 시작된다고 합니다. 하여 2023년 말부터 루틴 모임에 참여했습니다.

　작가가 되고 싶었습니다. 작가가 되기 위한 기본 습관이 독서와 글쓰기입니다. 매일 아침 일기와 독서 인증을 했습니다. 루틴을 혼자서 했다면 길어야 한두 달 하고 말았을 겁니다. 함께하는 동료들이 있어서 포기하지 않고 계속 이어갈 수 있었습니다. 작가란 정체성도 루틴을 유지하는 데 한몫했습니다. 기상 시간이 불규칙했는데, 일정한 시간에 눈이 떠졌습니다. 작가에게 필요한 루틴을 하나씩 추가했습니다. 지금은 필사와 블로그 포스팅도 규칙적으로 하고 있습니다. '일상의 재발견'이란 항목에 일상 속에서 겪고 느낀 이야기를 기록합니다. 꿈과 연결된 루틴이었기에 예전보다 쉽고 즐겁게 습관을 유지할 수 있었습니다.

사람마다 자기만의 길을 찾는 방법이 있습니다. 루틴은 '나만의 길'을 찾아가는 유용한 도구가 될 수 있습니다. 다음 세 가지 방법을 통해 제2의 꿈을 향한 첫걸음을 내디뎠습니다. 먼저 제가 원하는 미래의 모습을 그렸습니다. 남들이 좋다고 하는 루틴을 무조건 따라 하기보다는 내가 원하는 미래의 모습을 그렸습니다. 5년 후, 10년 후 나는 어디에서 누구와 무엇을 하면 행복할지 이상적인 미래의 한순간을 떠올렸습니다. 어떤 가치와 이상을 가지고 세상에 보탬이 되는 사람이 될지 즐거운 상상에 빠졌습니다. 방황하는 청년들에게 위로와 희망을 주는 작가의 모습을 그렸습니다.

제 나이는 올해 46세입니다. 대학원을 졸업하자마자 첫 직장으로 공군사관학교에서 불어 교관으로 근무했습니다. 2010년에 제대하고 2011년부터 가업을 이어 속옷 도소매업을 15년 넘게 하고 있습니다. 코로나 이후로 국내 제조업과 전통시장은 부진을 면치 못했습니다. 사업은 점점 어려워졌습니다. 교육 관련 일을 하다가 영업직에 뛰어들면서 많이 방황했습니다. 진정 나의 길이 맞는지 회의감이 들었습니다. 루틴을 하면서 새로운 목표가 생겼고, 삶의 방향이 달라졌습니다. 나이가 들었다고 불안하지 않습니다. 지금도 충분히 할 수 있는 일이 많습니다. 앞으로 저처럼 인생의 전환점을 맞이한 분들에게 도움이 되는 작가가 되고 싶습니다.

'나란 사람에 대해 이해하기 위해 일기를 쓰기 시작했습니다. 글쓰기 스승 이은대 작가를 비롯하여 수많은 성공한 이들이 추천하는 습관이 일기 쓰기입니다. '나'를 제대로 알아야 글도 잘 쓸 수 있습니다. 오늘 하루 만난 사람들과 겪은 일들을 통해, 나는 어떤 사람인지 객관적으로 바라볼 수 있었습니다. 자기 계발은 '내가 누구인지' 먼저 아는 데서 출발합니다.

얼마 전 남자 친구와 춘천 청평사에 함께 기도하러 간 적이 있습니다. 소양강댐에서 배를 타고 들어가 '청평산장'이란 식당에서 점심을 먹었습니다. 메뉴판에 더덕구이 3만 원(2인)이라고 적혀 있었습니다. 주말 등산객으로 식당이 붐볐습니다. 기도하고 배 타는 시간을 맞추려면 서둘러야 했습니다. 자리를 잡자마자 메뉴판을 보고 더덕구이를 주문했습니다. 식사를 마치고 계산하는데, 영수증에 6만 원이라고 떠서 깜짝 놀랐습니다. 2인분에 3만 원인 줄 알았는데, 1인분에 3만 원, 2인 이상 주문 가능하다는 뜻이었습니다. 계산하고 나와서 후식으로 커피를 마시면서 오빠에게 식당 계산서 이야기를 했습니다. 다른 식당에도 메뉴 가격이 똑같이 표기되어 있더군요. 주문할 때 가격이 의심쩍으면 미리 묻고 확인할 수 있었습니다. 장사하면서 손님들이 가격표를 착각하고 본래 물건 가격표가 아닌 그 옆의 낮은 가격인 줄 알고 들어오는 경우가 종종 있었습니다. 직접 겪어보니 사람은 자신에게 유리한 방향으로 해석하기 쉽다는 사실을 알게 되었습니다.

어제 또는 지난 일에 대해 일기를 쓰면 그냥 스쳐 지나칠 수 있었던 소소한 사건에서 인생 교훈을 얻게 됩니다. 손님이나 타인의 관점에서 생각하는 연습을 할 수 있었습니다. 자신을 객관화하는 데도 도움이 됩니다. 매일 아침 자기 성찰하는 시간을 가지면서 조금씩 '나'를 알아가는 기쁨을 맛봅니다. 일기를 쓰기 시작한 지 일 년이 조금 넘었습니다. 가끔 일기를 빠뜨릴 때도 있었지만, 쓰는 걸 멈추지는 않았습니다. 일기는 글감을 찾는 데도 유용합니다. 평상시 일상을 관찰하며 숨어 있던 글 소재를 발견할 수 있습니다.

체력은 모든 일의 근간입니다. 체력을 기르기 위해 6천 보 이상 걷기부터 시작했습니다. 루틴 단톡방에 매일 걷기 인증하는 동료가 여럿 있습니다. 볼 때마다 하고 싶었습니다. 글 쓰려면 체력이 필수입니다. 무엇보다 하체의 힘을 길러야 하죠. 집에서 매장까지 한 정류장 거리입니다. 도보로 왕복 30분 걸립니다. 보통 두세 정류장 거리는 걸어 다닙니다. 도서관은 걸어서 왕복 한 시간입니다. 처음엔 5천 보도 걷기 힘들었습니다. 지금은 만 보 이상도 거뜬합니다. 걷기는 생각 정리에도 효과가 좋습니다. 마음이 복잡할 때 일부러 걷습니다. 몸을 움직이면 산란했던 정신이 맑아집니다. 산책하며 방금 읽은 책 내용을 떠올립니다. 책 주제와 관련된 질문을 던지면서 깊이 있는 사유를 할 수 있습니다.

지구력을 키우기 위해 근력 운동도 시작했습니다. 하루 1분 플랭

크와 스쿼트 다섯 개를 매일 하고 있습니다. 운동하니까 몸에 활력이 느껴집니다. 같은 자세로 오래 있으면 근육에 피로가 쌓이기 쉽습니다. 수시로 몸을 풀고, 스트레칭하려고 의도합니다. 건강해야 제가 원하는 일도 오래 할 수 있기 때문입니다.

루틴에 정답은 없습니다. '나만의 맞춤형 루틴'을 하나씩 만들어 갑니다. 남과 비교하지 않고, 나만의 선택 기준을 세웠습니다. 성장하는 데 도움이 되는지, 목표와 연결이 되는지 살폈습니다. 이 루틴을 계속하면 5년 후, 10년 후 어떻게 변화할 수 있을지 상상했습니다. 루틴을 일 년 넘게 지속하다 보니 좋은 기회가 찾아왔습니다. '루틴'을 주제로 공저 에세이를 쓰게 됐습니다. 루틴을 돌아보는 계기가 되었습니다.

중국인 작가 위지안은 『오늘 내가 살아갈 이유』에서 '사람이 잘 살아간다는 것은 누군가의 마음에 씨앗을 심는 일이다'라고 말합니다. 저는 이 말을 이렇게 활용해봅니다. '사람이 잘 살아간다는 건 누군가의 마음에 사랑의 기억을 심는 일이다'라고요. 말과 글로 주변과 세상에 도움을 주는 작가로 기억되고 싶습니다. 작가란 꿈도 작은 루틴에서 시작합니다. 오늘 제가 보고, 듣고, 경험한 일상에서 세상에 전할 소중한 메시지를 발견합니다. 사랑의 전도사가 됩니다. 제 글을 읽고 독자들 마음이 행복해졌으면 좋겠습니다. 루틴을 통해 제가 살아갈 이유를 찾았습니다.

## 8. 지푸라기라도 잡고 싶은 마음으로 시작된 아침

- 이주민

　6년 전, 아이들 공부시킬 목적으로 한국 생활 정리하고 베트남에 왔다. 경제적 안정을 위해 독서 공부방 운영을 계획했다. 베트남에서 집을 찾는 첫째 조건은 학생이 많은 아파트였다. 학생 많고 형편에 맞는 적당한 가격의 아파트를 찾았다. 이사 날과 맞지 않아 풀옵션 집을 구했다. 좁은 집에 내 짐과 주인 짐까지 많았다. 어쩔 수 없이 풀옵션 가격에 주인 짐을 빼고 시작했다. 낮에는 유치원 다니고 퇴근 후에는 공부방 운영을 하려고 했다. 경력 단절 6년. 타지 생활과 함께 유치원 적응하느라 정신이 없었다. 퇴근 후에도 유치원 수업 준비로 자정을 넘겼다. 한국에서 공부방 프랜차이즈 계약하고 7개월이 넘었다. 운영하지 않아서 본사 눈치가 보였다. 유치원 여름방학 때 조카들 데리고 공부방 수업을 시작했다. 동생의 지인을 중심으로 학생이 조금씩 늘었다. 베트남 온 지 8개월 만에 처음 계획대로 됐다. 베트남 날씨와 생활에 적응하면서 우리 가족의 자리를 잡아갔다. 열심히 살다 보니 타지 생활도 순조로웠다.
　상당수의 학생은 방학마다 한국에 다녀온다. 여름에는 약 1개월, 겨울에는 2개월가량 학원을 쉬는 학생이 많다. 당시 겨울방학 기간이라 많은 학생이 한국 방문과 여행으로 쉬었다. 방학이면 학생은 몇 명 남지 않았다. 그러나 점점 나아지는 상황에 안정적인 내년을 기대할 수 있었다. 조금은 쉬어도 되겠다는 생각이 들었다. 설 연휴, 베트남에 온 이후로 첫 가족여행을 갔다. 여행에서 돌아와 개학을 기다리는 2월, 분위기가 심상치 않았다. 가이드 일을 하는 남편의 일정이 취소되었다. 얼마 지나지 않아 코로나로 거리는 통제됐고, 개학은 미뤄졌다.

아파트 단지 밖으로 다니기 어려웠다. 유치원은 문 닫고 공부방에는 학생들이 오지 못했다. 폐업하는 자영업자가 속출했다. 경기가 어려워지자 베트남 정부는 거리 통제를 풀었다. 오고 가기가 편해져 학생이 많아질까 기대했는데, 이사 가는 학생들이 늘었다. 아파트마다 한국 학교 스쿨버스 탑승 인원을 확인할 수 있었다. 새 학기마다 학생이 줄었다. 처음엔 900명 정도였는데 약 2년이 지나자 700여 명이 되었다. 내가 수업할 수 있는 인원은 최대 50명이다. 700명 중 30~40명은 있을 것으로 생각했다. 시간이 지나도 생각처럼 학생이 늘지 않았다. 새 학기가 시작되고 스쿨버스 탑승 인원 숫자를 볼 때마다 고민되었다.

내가 살던 아파트는 중심 상권 길 건너 위치했다. 차 타기는 가깝고, 걸어오기에는 차도가 조금 위험했다. 아파트는 오래돼서 집 수리하느라 드릴 소리가 끊이지 않았다. 겨울엔 춥고 여름엔 덥고, 결로로 곰팡이가 생겨 스트레스 받았다. 1년에 두 번은 긁어내고

페인트칠했다. 주변 아파트에 비해 월세가 낮지만, 아파트 상태가 안 좋아서인지 이사 가는 집이 많았다. 학생 많고 상태 좋은 아파트로 이사 가고 싶었다. 4년째 되는 해에 이사를 결심했다.

기존 아파트와 이사하는 아파트 거리가 멀어서 학생 대부분이 그만두었다. 멀어도 다니겠다는 학생은 세 명. 씨앗 같은 세 명의 학생으로 다시 시작해야 했다. 현재 살고 있는 아파트는 한국 학교와 가까워서 걸어 다닐 수 있다. 한국 학교 학생뿐만 아니라 국제학교에 다니는 한국 학생도 많았다. 잠재적 고객(?)인 유치원생도 많다. 제일 큰 방을 공부방으로 꾸몄다. 책상을 추가하면서 한 번에 수업하는 인원을 늘렸다. 제대로 갖춘 공부방에 흐뭇하기도 잠시, 밤에 잠이 안 왔다. 월세 2,800만 동이면 현재 환율(2025년 2월) 기준으로 한화 160만 원 정도다. 전에 살던 곳이 방 세 개에 월세 110만 원 정도였다. 학생은 거리가 멀어서 다니다가 힘들면 그만둘지 모르는 세 명뿐이었다. 월세를 낼 수 있을지 걱정스러웠다. 새벽에 저절로 눈이 떠졌다. 정리가 덜 된 집도 심란하고, 너무 일을 크게 키웠나 싶어서 생각이 많아졌다. 하루빨리 집 정리하고 수업 해야겠다는 생각에 새벽부터 움직였다. 겨울방학 시작할 시기라 학생도, 수업 문의도 없었다. 걱정이 생기니 잠은 안 오고 두통만 생겼다.

유치원 다니면서 공부방을 제대로 운영하기 힘들었다. 퇴근이 늦어져 수업을 취소하는 일이 생겼다. 주말에 출근하기도 했다. 베트남 보조 교사와 달리 추가 수당 없는 근무가 많았다. 유치원 문 닫은 약 2년은 월급도 없었다. 이도 저도 아닌 상황이었다. 하나에 집중하기로 결심하고 유치원을 그만두었다. 공부방으로 돈 벌 욕심에 이사하고 나니 덜컥 겁이 났다.

유튜브에서 감사 일기와 소원 100번씩 100일 쓰는 것을 보았다. 써보고 싶은 생각이 들었다. 월세와 아이들 학교 수업료, 학원비만 월 400만 원 정도다. 고기도 먹고, 과일도 먹고, 간식도 먹으려면 그 이상을 벌어야 했다. 월 400만 원 벌어본 적 없는데 가능할까. 목표 금액을 정하고 학생 한 명의 교육비를 나눠보니 수업해야 하는 학생 수가 나왔다.

감사 일기를 쓰기 시작했다. 소원 이뤄진다는 감사 일기를 쓰니 A5 노트 한 페이지를 다 채우고 싶었다. 몇 줄만 쓰기엔 종이가 아까웠다. 경제적인 것만 아니라 다양한 소원이 이뤄졌으면 했다. 예를 들면 부모님과 지인의 건강, 내가 가르치는 학생의 변화 같은 거다. 요술램프 요정이 나타나 소원이 뭐냐고 물으면 줄줄이 읊을 정도로 한 페이지 꽉꽉 채웠다.

아침잠이 많아서 미라클 모닝은 꿈도 못 꾸는 나다. 위기감 느끼니 새벽에 저절로 눈이 떠진다. 모두 잠든 시간에 감사 일기 쓰는 그 순간만큼은 성공한 사람이었다. 모든 소원이 이루어질 듯했다. 언제쯤 소원이 이루어질지 궁금하기도 하고, 언제까지 써야 하는 건지 의문이 들기도 했다. 기우제 성공시키는 비법으로 비가 내릴 때까지 정성 들인다는 말이 떠올랐다. 소원이 이루어질 때까지 감사 일기를 써야 하는지 스스로에게 질문하면서 매일 썼다. 유튜브에서 감사 일기 쓰는 방법을 찾으면 소개하는 사람마다 조금씩 다르다. 도대체 어떻게 써야 이뤄지는지 알고 싶었다. 여러 영상을 보고 마음에 드는 방법을 골라 따라 했다. 쓰기만 하면 이뤄진다는데, 돈 안 드는 성공 비법 해야 하지 않은가!

감사 일기 덕인지, 위치가 좋아서인지 소개받아 입회까지 이어졌다. 학생 세 명에서 금세 기존의 학원생 숫자를 채웠다. 안심되었다. 목표 인원 채울 수 있다는 희망이 보였다. 입꼬리가 저절로 올라갔다. 잠도 잘 잤다.

돈 많이 벌 목적으로 이사하니 덩달아 지출도 컸다. 많은 학생 들어와서 내 선택이 옳았다는 확신 받고 싶었다. 할 수 있을지 의문이 들 정도로 목표를 높이 정했다. 목표가 높았기 때문에 중간 정도만 가도 만족스러웠다. 월세와 생활비가 해결되었다. 감사 일기 쓰면서 '된다!'라는 믿음이 생겼다. 희망이 보이니 열심히 하게 된다.

루틴을 하기 전에는 남는 시간에 TV를 보거나 인터넷을 했다. 지인 만나면 새벽까지 술 마시기도 했다. 내일은 생각하지 않는 하루였다. 루틴을 시작하면서 목표가 생기고 가슴에 미래를 품게 되었다. TV를 없앴다. TV, 영화 보지 않은 지 3년이 넘었다. 취할 정도로 술도 마시지 않는다. 그런데도 하루하루가 지루하지 않고 즐겁다.

하나였던 루틴이 어느 순간 늘었다. 감사 일기로 시작해 강의를 듣고 책을 썼다. 필사하고 자기 계발도 한다. 루틴 지속할수록 꿈이 생긴다. 무언가를 도전하게 된다. 꿈이 있기 때문에 루틴 유지한다. 목표에 도달하지 못해도 꿈을 향해 가는 중이다. 무거운 마음으로 시작했지만, 이제는 가벼운 마음으로 한다. 루틴의 맛을 보면 끊을 수 없다.

# 9. 부모님께 물려받은 유산

- 장혜빈

대학생 때, 주체적 삶이 시작되었습니다. 맞는 루틴을 찾아가는 과정입니다. 제 삶은 대학교를 기준으로 나눌 수 있습니다. 전에는 사회 구성원으로만 살아왔습니다. 후에는 하고 싶은 일을 루틴과 함께한 시간입니다.

새벽 5시부터 하루를 시작하신 근면 성실한 아버지와 세 아이를 키우며 자투리 시간에 경제 활동을 하신 착실하고 생활력 강한 어머니. 지금까지 살면서 부모님 덕 많이 봅니다. 충실함을 강조하신 부모님 교육관으로 졸업장과 개근상 매번 받았습니다. 대학교 수업을 자주 빠지는 친구가 있었는데, 학사 경고에 결국 중퇴했습니다. 대학교 졸업도 부모님이 물려주신 성실 루틴 덕분입니다. '일찍 일어나 주어진 일에 최선을 다하자.' 이러한 마음가짐으로 인생 절반을 살아왔습니다.

학창 시절, 사회가 요구하는 공부와 역할에 집중해 원하는 걸 잊고 살았습니다. 대학생이 되면서 하고 싶은 대로 행동했습니다. 학교 수업 땡땡이치기, 태권도 학원 수강, 친구들과 쇼핑, 술 먹으며 밤새워 놀기 등등. 그동안 해오던 규칙적인 생활을 벗어던지고 바라는 대로 생활했어요.

1학년 생활은 본능에 충실했습니다. 규칙적으로 하루 세 끼를 먹던 식습관도 두 끼, 네 끼 들쭉날쭉했습니다. 폭식, 다이어트로 인한 소화 장애로 병원도 자주 갔습니다. 규칙적인 식생활은 건강에 중요합니다. 부모님이 말과 행동으로 강조한 이유를 알게 되었습니다.

2학년이 되면서 부모님이 물려주신 유산으로 나만의 루틴을 시작했습니다.

첫 번째 루틴은 영어 스터디입니다. 학교 홈페이지에서 '영어 스터디원 모집'이라는 글자가 눈에 들어왔어요. 1년의 생활과는 다른 삶을 시작하기 좋은 기회였어요. 새벽 5시 기상. 7시부터 9시까지 영어 스터디로 하루를 시작했습니다. 영어과 학생과 함께하며 부족한 실력을 알게 되었어요. 부럽기도 하고 속상했습니다. 잘하고 싶더군요. 수준을 알게 되니 성장하고 싶은 욕구가 올라왔어요. 원하는 말을 할 수 있도록 연습해야겠다는 목표가 생기더군요. 부지런히 움직이고 배워야 한다는 생각이 머릿속에 가득했습니다. 부족함을 채우고 싶은 갈증은 활력이 되었어요. 열심히 살아야 성공할 수 있다는 생각이 많았습니다. 영어로 원하는 말을 하며 소통하는 모습에 조금씩 자신감이 붙었어요. 순번을 정해 영어 기사를 준비했습니다. 사전의 도움 없이 설명할 수 있어서 뿌듯했어요. 한국말로 이야기하듯 자연스러운 대화 분위기에 자신감이 올라간 기억이 납니다.

배우고 싶은 욕구와 성장에 대한 갈증이 현재 글쓰기, 독서, 필사를 하는 원동력입니다. 조금씩 나아지는 모습에 집중할 힘을 얻네요. 배움과 성장을 꾸준히 하는 이유이기도 합니다. 이게 루틴의 힘입니다.

두 번째 루틴은 경제생활입니다. 학교 시간표를 짜면 항상 빈 시간이 있었습니다. 어떻게 보내면 좋을까 고민하다 도서관에서 책을 읽었습니다. 동아리 모임에서 선후배들과 이야기 나누는 시간도 가졌습니다. 공공근로를 하는 친구를 알게 되었습니다. 일자리가 나면 연락을 부탁했습니다. 3개월 뒤 연락을 받고 공공근로를 시작했습니다. 5시까지 쉬는 시간마다 일을 하며 장학금을 받았어요.

시간 활용 및 용돈벌이 목적으로 주말 아르바이트를 시작했습니다. 처음 하게 된 아르바이트는 미용실. 집 주변이고 주말 오전 3시간 동안 일하는 조건이 마음에 들었어요. 공부도 하고 용돈도 벌 수 있는 좋은 기회라 생각했습니다. 매장을 깨끗하게 청소했어요. 손님이 오시면 자리로 안내했습니다. 사장님과 미용사 언니의 일을 도우며 샴푸 및 서비스를 제공했습니다. 미용실 이사로 거리가 멀어져 피자집 아르바이트를 시작했어요. 피자를 만드는 방법, 토핑 관리, 청소 등 각종 방법을 익혔습니다. 주방 이모, 배달 알바생과 함께 점심 먹고 일했습니다. 배달하는 직원들이 저보다 어렸어요. 어린 나이에 용돈을 벌다니 대단하다는 생각이 들었어요. 더 열심히 살아야겠다는 열정이 올라왔습니다. 피자집도 사장님이 바뀌면서 기존의 알바생들을 정리했어요.

편의점에서 일을 시작했어요. 한 달에 두 번 야간 근무를 했습니다. 편의점은 물건 계산만 하면 되는 간단한 알바라 생각했어요. 해보니 생각과 다르더군요. 경험의 중요성을 다시금 느꼈습니다. 그날 배송된 물건 정리, 유통기한 지난 식품들 빼놓기, 외부에 놓인 테이블과 의자 주변 청소, 내부 공간 청소를 했습니다. 야간 근무 중, 만취한 고객이 편의점에 들어와서 삿대질과 욕설을 하는 등 난동을 부렸어요. 사장님이 경찰을 불러 상황을 정리했습니다. 주간 근무 중, 남자 손님이 물건을 사고 수표를 냈어요. 수표 뒤에 적어준 번호로 전화하니 없는 번호라는 음성이 나왔습니다. 수표를 받을 수 없다는 설명에 손님은 짜증을 내며 소리치고 밖으로 나가더군요. 황당한 상황에 멍하게 문만 쳐다봤습니다. 무슨 일이든 쉬운 일은 없나 봅니다.

40년을 살아오며 가장 중요한 시기를 꼽으라면 대학생 때입니다. 인생의 주인이 되어 사회에 첫발을 내딛는 순간이며, 행동에 스스로 책임지는 어른으로 성장하는 시기이기 때문입니다. 대학생 때 도전과 실패, 하고 싶었던 일 등 다양한 경험을 했어요. 그 경험이 인생을 살아가는 힘을 줍니다. 대학생 때가 활용할 수 있는 시간이 가장 많은 시기라고 생각해요. 취직과 결혼 후에는 나를 위한 시간 내기가 힘듭니다. 대학생 때 여러 가지 시도로 나만의 루틴 찾기를 추천합니다. 원하는 것을 하나씩 성취해나가는 기쁨, 소소한 삶의 행복입니다. 지나간 시간은 다시 돌아오지 않습니다. 원하는 선택과 책임지는 경험을 하기에 적기라고 생각합니다.

인생은 원하는 대로 흘러가지 않습니다. 변수를 생각하며 살아야 하는 이유입니다. 내가 할 수 있는 일, 하고 싶은 것을 찾고 루틴을 설정하고 실행하는 게 중요합니다.

나만의 루틴 찾는 과정입니다. 불확실성에 대응하는 힘도 기를 수 있지요.

주어진 시간을 효율적으로 쓰는 방법을 찾아야 합니다. 원하는 것을 이루는 시간을 당길 수 있습니다. 꿈꾸는 모습으로 살아갈 날들이 많아집니다.

대학생 때를 생각하면 아쉬운 부분도, 후회되는 점도 많습니다. 선택하지 못한 아쉬움, 생각을 행동으로 옮기지 못한 후회, 다양한 도전을 하지 못한 미련이 남습니다.

살아온 경험을 바탕으로 루틴 실행과 점검을 반복하며 삶을 채워갑니다. 만족감을 높이기 위해서요. 루틴은 계속 진행 중이라 결과물을 보여주기가 어렵습니다. 40년을 살아온 경험으로 이것만은 확실하게 이야기할 수 있습니다.

루틴은 삶을 더 풍성하게 만들어줍니다. 변화하고 싶다면 어제와 다른 행동을 해야 합니다. 과거를 통해 얻은 선물을 현재에 적용합니다. 매일 맞춤 루틴을 통해 조금씩 변화하는 게 나의 루틴 비결입니다.

## 10. 당신은 아직도 나를 가르칩니다

- 조하나

쿵쾅쿵쾅, 우당탕탕.

머리맡에 큰소리가 울렸다. 화들짝 놀라 반동으로 일어났다. 핸드폰 시계는 6시 37분. 거기다가 오늘은 내가 가장 사랑하는 토요일이다. 안도의 한숨을 쉬는데 다시 한번 큰 소리가 울렸다. 오만상 얼굴을 찡그리며 암막 커튼을 젖혔다. 창밖은 아직 어스름하다. 비몽사몽 흐릿한 시선에 미간이 구겨졌다. 창 밖에는 밤새 내린 하얀 눈이 보였다. 실내였지만 입김이 나고 오한이 드는 것처럼 몸이 덜덜 떨렸다. 한 번도 밟은 적 없는 눈은 솜사탕처럼 뽀얗게 내려앉아 있다. 이 고요한 정적을 깨는 큰 소리의 정체가 무엇인가 한참을 두리번거려야 했다. 검은색 패딩에 털이 복슬하게 덮인 모자를 쓴 검은 형체가 부지런히 움직이고 있다. 누군지 생각할 필요도 없이 창문을 열어 외쳤다.

"아빠! 이 새벽에 뭐 해!"

방금 일어난 딸이 감기라도 들까 걱정되었던 건지 대답도 하지 않고 손을 휘저으며 창문을 닫아버렸다. 하마터면 코가 끼일 뻔했다. 걱정하는 건지 귀찮아하는 건지 알 수가 없다. 차가운 기운 탓에 잠이 달아났다. 느릿느릿 겉옷을 걸쳐 입었다. 조용히 방문을 여니 대낮처럼 밝은 빛에 남아 있던 잠기운이 완전히 사라졌다. 주방에서는 벌써 고소한 된장찌개 냄새가 진동이다. '일어났어? 아침 먹어야지.' 아침은 무슨. 자취 20년째 아침을 먹은 적이 없는데 아직 어머니는 모르시는 것 같다. 고개를 가로저으며 소파에 털썩 주저앉았다. 나름 20년 남짓 직장 생활을 했는데 이 시간에 일어난 기억이 별로 없다. 아침잠이 유난히 많은 편이라 기상 시간은 최대한 미뤘다. 벽난로는 언제부터 피웠는지 모르게 활활 화를 내고 있었다. 도대체 언제 일어난 건지 추측이 되지 않는다. 따뜻한 기운에 또 눈이 감겼다. 까딱까딱 다시 잠들려는 찰나 우당탕탕 소리가 울려 퍼졌다. 이제 한계다. 두 눈으로 확인해야 직성이 풀릴 것 같았다. 시골 필수 아이템인 털 안감으로 된 꽃무늬 김장 바지와 조끼를 잠옷 위에 겹쳐 입었다. 장갑과 목도리도 칭칭 둘렀다. 감정을 잔뜩 싣고 분노를 담아 발을 구르며 현관문을 열었다. 한 소리 해야 직성이 풀릴 것 같았던 마음도 잠시, 문을 열자마자 보이는 모습에 발걸음이 얼어붙었다. 이 날씨에 두꺼운 옷을 입고도 땀을 뻘뻘 흘리던 아버지가 대답했다.

"우리 딸, 왜 벌써 일어났어. 피곤한데 더 자지. 아빠가 우리 딸 내미 추울까 봐, 난로 빵빵하게 태우려고 장작 만들고 있지."

재작년 가을, 부모님은 30년 넘는 아파트 생활을 청산하고 전원주택으로 이사하셨다. 아버지의 마지막 로망이었기에 가족들은 반대하지 못했다. 이사 후 사계절을 겪어보니 주택에서 사는 건 생각과 다른 부분이 많았다. 아파트 살 때는 신경 쓰지 않아도 되었던 사소한 것들도 직접 해야 했다. 봄이 되면 작은 텃밭에 우리 네 식구 먹을 채소를 심었다. 함께 있는 꽃나무에는 거름을 뿌렸다. 모든 생명이 자라는 여름에는 채소보다 높게 자라는 잡초와 잔디 정리가 필수다. 더위가 수그러들면 흙을 고르고 밭을 뒤집어야 했다. 네 식구가 소화하지 못한 채소들은 아쉽지만 내년을 위해선 포기해야 한다. 이제 좀 쉴 수 있나 싶을 때가 되면 눈이 왔다. 주말 아침마다 일주일치 장작을 패고 옮겼다. 아파트에 살았을 때는 필요하지 않았던 제설 삽과 염화칼슘도 미리 준비해놨다. 이 많은 일을 아버지 혼자 해내고 있었다. 그러니 새벽부터 부지런 떨 수밖에 없다. 팔자 좋게 게으름피우며 잔소리나 해대는 건 말도 안 되는 일이었다.

"오랜만에 나도 왔는데, 아빠 좀 쉬면 안 돼? 감기 들면 어쩌려고."

말이 끝나기도 전에 손사래를 치신다. 들어가서 쉬라는데 어찌 그럴 수 있는가. 바닥에 놓여 있던 도끼를 힘껏 휘둘렀다. 예능 프로그램에서는 도끼로 내리치면 쉽게 장작이 갈라지던데 이건 아무리 휘둘러도 생채기 하나 내기가 어려웠다. "우리 공주 다친다. 추우니까 들어가. 아빠가 할게." 안절부절못하며 옆에 있는 아버지를 보니 들어가는 게 도와주는 일 같았다. 아마도 나의 휘청거리는 모습은 허술함 그 자체였으리라. 떨어질 듯한 귀를 감싸 안으며 실내로 들어오니 아침 준비를 마친 어머니가 기다리고 있었다. 주말인데도 꼭 아침을 먹어야 하는 아버지를 위해 된장찌개와 무생채, 얼마 전 새로 담근 김치 몇 종류와 계란 후라이를 준비하셨다. 마구

잡이로 휘둘렀던 도끼질 탓인지 갑자기 허기가 밀려왔다. 안 먹는 다고 했던 말이 떠올라 뻘쭘하게 식탁 근처를 어슬렁댔다. 별다른 말 없이 식탁에 밥 하나가 추가되었다. 아침 주인은 일하는 중이지 만 얼어붙은 입안으로 찌개를 떠서 넣었다.

반 공기를 다 먹고 난 뒤에야 들어온 아버지는 차려져 있는 아침 을 후루룩 마셨다. 그러곤 외출복으로 갈아입고 벽난로를 열어 긴 꼬챙이로 숯을 이리저리 돌려 확인했다. 불이 약한지 힘들게 잘라 놓은 장작을 몇 개 던져 넣었다. 그러고선 말없이 현관문을 열고 나갔다. 마당 넘어 주차장 쪽에서 밝은 빛이 났다. 창문에 비친 헤 드라이트가 보였다. 아버지의 외출이다. 목적지를 물어볼 필요가 없다. 분명히 주말마다 가는 사우나를 가심이 분명했다. 그 후엔 분명 이발도 하고 올 것이다. 할 일을 마치고 돌아올 때 나에게 전 화를 걸어 몇 가지 주전부리 메뉴를 말하고 고르라고 할 것이 분 명했다.

짧고 단정한 스타일을 선호하는 아버지는 이틀에 한 번 사우나 를 갔고 이 주에 한 번 이발하셨다. 실내복과 외출복은 3단계로 구분하여 갈아입으셨다. 마당에 나가는 것도 외출이기에 실내복과 는 달랐다. 주말 하루를 온전히 집에서 지내면 아버지가 네 번 이 상 옷을 갈아입는 것을 볼 수 있다. 내가 기억하는 아버지의 주말 은 늘 한결같았다. 항상 부지런하고 바쁘며 잠시도 쉬지 않는 성실 그 자체.

이게 아버지의 십 년 넘은 루틴이었다. 평일 내내 열심히 일하고 주말에는 집안일을 처리한다. 매일을 똑같이 보내는 게 지겹지 않을까 하는 생각에 언젠가 한 번 물어본 적이 있었다. 힘들지 않으냐고. 아버지는 별거 아니라는 듯이 말했다.

"아빠는 하나도 안 힘들어. 이렇게 너희 엄마랑 우리 새끼들이 편하면 돼. 그러면 아빠는 행복해."

어떻게 힘들지 않을까. 그럼에도 해내는 것이 아버지이고 남편인 것을. 그게 아버지의 하루였고 삶이었다. 더는 주말 아침의 게으름을 방해하는 쿵쾅 소리가 짜증스럽지 않다. 당신만의 표현 방식이고 그의 삶인 것을 이제야 알게 되었다.

매일을 일정하게 살아내는 것은 힘들지만 그걸 지킬 수 있는 것은 행복한 일이라는 거다. 다르다고 생각했지만 닮아 있는 당신에게서 나는 아직도 삶을 배운다.

· 제2장 ·

# 나만의 루틴 설계하기

# 1. 나만의 길을 찾다

- 가람

"가람아, 오랜만이야. 잘 지냈어?"

"J야, 잘 지냈지? 나 궁금한 게 있어서…."

2023년 초여름. J의 SNS 프로필에 그녀가 공저로 참여한 자기 계발서가 올라왔다. J에게 고민을 털어놓았다. 집 안을 정리하고 싶은데 정리 프로그램에 참여하려면 한 달에 10만 원을 내야 한다고. 교육비도 포함이었지만 돈벌이가 없는 내겐 매우 큰 액수라며 하소연했다. 지인 할인을 하고 완주하여 환급을 받는다고 해도 7만 원이 고정 비용이었다.

"너 블로그 해봐. 블로그에 정리 전후 사진 올리면서 너 혼자 인증하면 될 거 같은데?"

귀가 번쩍 뜨였다. 그런 방식이라면 할 수 있을 거 같았다. J가 잘하려고 하지 말고, 일단 시작부터 하라 했다. 그날 당장 블로그를 만들었다. 너저분한 거실 사진을 찍었다. 10분 만에 후다닥 정리했다. 깨끗해진 사진을 찍었다. 2023년 8월 3일, 나만의 정리 챌린지 시즌 1이 시작되었다. 21일 동안 매일 정리했다. 21일이 습관이 형성되는 시간이라고 해서였다. 시즌 1을 마치며 '나는 왜 정리하기 시작했을까를 되짚어보는 글을 썼다. 표면적으로는 책상이 더러운 첫째에게 본이 되고 싶어서였다. 하지만 깊이 들여다보니 집에서 행복하고 싶다는 마음에서 비롯된 것이었다. 나는 정리를 해서 행복해졌을까? 그 당시 블로그 글에 따르면 크게 세 가지가 달라졌다. 첫 번째, 정리하는 습관이 붙었다. 한번 정리하고 난 곳은 그 말끔함을 유지하고 싶어 계속 정리하게 되었다. 두 번째, 가족들이 좋아했다. 특히 남편이 많이 좋아했다. 남편에게도 집이 머물고 싶은 곳이 된 듯했다. 세 번째, 가족들도 정리에 참여했다. 남편이 자기 전에 거실에 널려 있었던 책을 치웠다. 무엇보다 가장 큰 수확은 첫째가 스스로 책상을 정리한 거였다. 나는 분명 행복해지고 있었다.

기세를 몰아 정리 챌린지 시즌 2는 60일간 해보기로 했다. 27일 차까지 의욕적으로 정리하였으나 명절 연휴로 쉬었더니 다시 시작하기가 쉽지 않았다. 겨우겨우 힘을 내서 일주일 만에 다시 정리하였지만 매일 인증하지 못했다. 띄엄띄엄 인증을 하다 49일 차에서 또 멈췄다. 남편의 장기 출장과 열감기가 난 아이 때문이라는 핑계를 댔다.

그러나 실제로는 블로그 이웃이 조금씩 늘어나 창피하다는 생각이었다. 불특정 다수에게 엉망인 우리 집을 보여주는 것이 꺼려졌다. 혼자서 하다 보니 강제성도 없었다. 결국 60일을 채우지 못하고 2023년 11월 30일 56일 차에서 멈췄다. 중도 하차이다 보니 성찰해보는 시간도 갖지 못했다. 나만의 정리 챌린지 시즌 2는 이렇게 막을 내렸다.

 해가 바뀌었다. 긴 겨울이 지나고 봄이 왔다. 어느 정도 깨끗함을 유지했던 집은 다시 엉망진창이 되어버렸다. 어떻게 하나 고민을 했지만 뾰족한 수가 없었다. 아무나 보는 블로그 인증은 부담스러워 블로그로 가진 않았다. 자녀 양육 온라인 모임에서 내 상황을 털어놓았다. 그때 한 엄마가 자신이 참여하는 정리 챌린지 오픈 채팅방을 소개해주었다. 2만 원을 보증금으로 걸고 한 달 미션을 완수하면 되돌려준다고 했다. 혼자서는 정리가 어려운 사람들만 모일 테니 부끄럽지 않을 것 같았다. 보증금을 걸었으니 강제성도 부여되었다. 지난 정리 챌린지 시즌 2의 한계를 뛰어넘어 정리할 수 있다는 기대감을 안고 정리 챌린지 시즌 3를 시작했다.
 핸드폰에 카톡 알림 메시지가 떴다.
 "5월 3일 금요일 미션: 우리 집 상판과 바닥에 놓인 물건 치우는 날! 범위는 집 안 전체이며 싱크대 상판, 수납장 위, 식탁 위와 같은 상판 위에 올려진 물건을 정리하는 날이에요! 더불어 원활한 집안일을 위해 바닥에 놓여 있는 물건들까지 정리하는 날! 비울 물건이 없다면 정리정돈 후 가볍게 청소해주세요."
 '헉. 집 안 전체 상판을 다 정리하라니. 싱크대, 식탁, 수납장 네 개, 아이 책상, 남편 책상… 이 많은 곳을 언제 다 하지?' 그래도 시작한 지 3일밖에 안 됐으니, 해보자며 부지런히 움직였다. 점심도 못 먹고 했지만 1학년 첫째가 하교할 시간까지도 다 못 했다. 하는 데까지만 하고 인증 사진을 올렸다. 그다음 주는 '다섯 가지 버리세요' 주간이었다. 혈안이 되어 비울 물건을 찾기 시작했다. 베란다 창고까지 뒤졌다.

"엄마, 나랑 놀자."

둘째가 바짓가랑이를 붙잡고 놀아달라 했다. 미션을 해야 하는데 아이가 엉겨 붙으니 어쩔 수 없다며 영상을 보여주었다. 30분 보여주려고 했던 것이 1시간이 되고 2시간이 되었다. 아이를 방치한다는 생각에 죄책감이 들었다.

한 달 동안 정리를 했다. 집 안은 환골탈태(換骨奪胎)했다. 집에 놀러 온 친정 부모님은 "와! 진짜 깨끗해졌네!"라며 놀라움을 금치 못했다. 다른 사람이 보기에도 입이 딱 벌어질 정도로 집 안은 달라져 있었다. 그러나 집 안 분위기는 험악해졌다. 이제 막 깨끗해진 공간의 사진을 찍으려고 할 때 아이가 장난감이라도 쏟아부으면 머리에서 김이 올라와 아이에게 윽박질렀다. 어제 인증한 부분이 다시 어질러져 있으면 아이에게 레이저를 발사하며 정리하라고 고래고래 소리쳤다. 정리를 해도 해도 다시 도루묵이 되니 속에서 불이 올라왔다. 처음에는 집 안이 깨끗해져 엄지 척을 보내던 남편이 쏘아붙였다.

"그만 좀 해! 누굴 위해서 하는 거야!"

"누구긴 누구야? 우리 가족을 위해서지! 당신이 제일 좋아하지 않았어?"

잉꼬부부 하면 우리 부부였는데 정리 때문에 부부 싸움까지 했다.

다음 달 정리 챌린저를 모집한다는 공지가 올라왔다. 신청하지 않았다. 매일 아침 매니저가 정리 영역을 공지해주는 시스템이 나에겐 맞지 않았다. 너무 넓은 영역일 때도 있었고, 인증을 위해 비울 것을 찾아 삼만 리 하는 느낌이 들 때도 있었다. 무엇보다도 아이는 어지르며 노는 것이 당연한데, 정리 영역을 내 마음대로 정하지 못하니 답답했다. 아이를 지나치게 통제하면서 몰아붙였다. 가정의 평화를 볼모로 정리 챌린지를 이어나가고 싶지 않았다.

그리고 정리할 시간을 일정에 따라 조정할 수 없는 상황도 갑갑했다. 밤에 둘째는 내가 옆에 없으면 쉬이 잠들지 못했다. 나들이 나가려고 할 때 아직 정리 챌린지 공지가 올라오지 않으면 불안했다. 나들이 후 아이를 재우다가 같이 잠들어 인증을 못 할까 봐 조마조마했다. 집 안에서 행복하려고 시작한 정리 챌린지를 하다가 스트레스를 받고 싶지 않았다.

여름이 지나고 가을이 되었다. 우리 집은 다시 쑥대밭이 되었다. 습관 밴드를 찾아갔다. 다른 루틴과 더불어 정리하기를 인증하기 시작했다. 밴드는 가입자만 게시글을 볼 수 있어 불특정 다수가 본다는 부담이 없었다. 보증금 없이 자기 자신과 밴드 참여자들 간의 약속만으로 진행되어 보증금 환급에 연연해할 일이 없었다. 정리 영역도 내가 직접 정할 수 있어 일상과 가족 관계를 해치지 않으면서 할 수 있었다. 드디어 나만의 방법을 찾았다. 지금은 스트레스를 덜 받고 훨씬 편안하게 정리를 하고 있다. 209일째 말이다.

정리 챌린지는 나에게 특별하다. 여러 시도 끝에 나의 길을 찾게 되었기 때문이다. 단순한 챌린지가 아니었다. 내가 어떤 성향인지, 어떤 것을 선호하는지 등 나를 알아가는 여행이었다. 나는 남이 시키는 대로 할 수는 있으나 틀에 딱 맞춰야 하는 상황에서 스트레스를 받았다. 환급금을 받으려고 강박적으로 루틴을 하여 다른 부분을 놓치게 되는 일도 피하고 싶었다. 그래서 이제는 주초에 정리해야 할 곳을 나열해본다. 요일마다 아이의 하교 시간을 따져 얼마나 여유 있는지에 따라 정리 영역을 조정하고 우선순위를 정한다. 정리 챌린지를 통해 내가 주도성을 가진 사람이란 걸 확실히 알게 됐다.

모두에게 맞는 루틴은 없다. 남들이 좋다고 하는 루틴이 나에게 맞지 않을 수 있다. 중단된 루틴이 있다면 다른 방식으로 다시 시도해보자. 시행착오 끝에 나만의 방법을 찾을 수 있을 것이다. 진정한 나를 찾아가는 여행에 당신을 초대한다.

## 2. 조용히 스며든 삶의 조각들

- 강명경

아침에 일어나 씻고, 옷을 갈아입고 간단히 아침을 먹은 뒤 나갈 채비를 합니다. 출근해서 일을 한참 하다가 자리에 앉아 창밖을 보면 어느새 어둠이 내려앉아 있습니다. 일주일이 하루 같고, 한 달은 일주일같이 훌쩍 지납니다. 꽃잎이 바람에 흩날리듯 시간이 빠르게 지나지만 생활 패턴은 단조로운 것 같습니다. 무색하게 날짜만 흘려보내는 것 같아 초조해져 뭐라도 손에 쥘 일을 만들고 싶어집니다.

"오늘 하루도 벌써 다 가버렸네."

최근까지 글을 쓰느라 밤을 지새우는 날이 많았습니다. 그때는 유난히 뉴스거리가 눈에 들어오고, 평소에 듣지 않던 장르의 노래도 귀에 들립니다. 전공 서적을 펼쳐 필요한 내용을 찾다 보면 다른 주제에 눈길이 가고, 심지어 흥미롭기까지 합니다. 한 가지에 몰입해서 파고들어도 부족한데 그 외의 모든 것들이 재미있습니다. '해야 할 일을 마치고 보자'라고 마음을 다잡습니다. 작업 중인 글을 마치고 나니 꽤 후련했지만, 이내 곧 조급함이 느껴집니다. 밤낮없이 숨 가쁘게 달리기만 하던 시간에 마침표를 찍자 뭔가를 놓치고 있는 것 같았어요. 겉으로 평온해 보이는 것과는 달리 머릿속이 복잡했죠. 일정에 변동이 없으면 편하면서도 갑자기 조급함이 느껴집니다. 이렇게 지내는 게 맞는 건지, 뭘 놓치고 있는 건 아닌지 불안했어요. 우연히 고개를 돌리니 책장에 꽂힌 다양한 장르의 책들이 보입니다. 이 책들을 다 읽었는지 자문합니다.

매년 책 읽기를 다짐했지만 실천한 기억은 가물가물합니다. 몇 년째 새해 계획은 책 읽기와 운동이 부동의 공동 1위입니다. '하루에 1시간 책 읽기', '일주일에 한 권 완독하기' 같은, 누구나 세울 수 있는 두리뭉실한 목표를 세웁니다. 조금 일찍 일어나서 책을 읽어볼까 싶어 오전 7시에 알람을 맞춥니다. 정신을 차리고 일어나보면 잠결에 폰을 뒤집어 이른 알람 소리를 끄고 다시 잠이 듭니다.

루틴을 잘 만들면 더 나은 삶을 살 수 있을 것 같았습니다. 즉흥적인 성향이라서 이번만큼은 철저하게 해보고 싶다는 의욕이 앞서요. 시간 단위로 촘촘한 계획을 세웁니다. '매일 30분씩 책 읽기', '일주일에 책 한 권 읽기', '매일 12시에 자고 6시에 기상하기' 등을 쓰고 보니, 마치 초등학교 방학 때 컴퍼스로 정성스럽게 그린 동그라미 생활 계획표 같습니다.

당시에는 잘해낼 수 있을 것 같았지만, '방학이니까 좀 쉬자'라는 핑계로 흐지부지됐던 기억이 났죠. 하루 이틀은 잘 지켰지만 사흘째부터는 흐트러집니다. 책을 읽기로 정한 시간에 다른 일이 생겨 때를 놓치고, 일찍 잠자리에 들기로 한 날에는 오히려 눈이 말똥말똥해져 새벽까지 뒤척입니다.

갑자기 책을 읽고 싶은 날이 있습니다. 전공 지식이 필요할 땐 전공 서적을 봅니다. 감성을 느끼고 싶은 날에는 에세이나 시집을 보고요. 삶이 지치거나 일이 안 풀리는 날에는 인문학이 주는 철학적 메시지에서 힘을 얻거나 방법을 찾기도 합니다. 그날의 상황이나 기분에 따라 골라서 읽습니다. 독서 컨디션 중 가장 자연스럽게 몰입이 잘되는 때입니다. 그런 날은 두세 시간이 훌쩍 지나 있습니다. 잠시 멈추고 저녁에 '다시 봐야지' 하며 책상 위에 그대로 올려둡니다. 외출 후 돌아와서 다시 볼 때도 있지만, 늦게 귀가하는 날에는 씻고 자느라 패스입니다. 또 며칠이 지나 다른 책이 눈에 들어옵니다. 읽다 보면 시간이 언제 흘렀는지 모르게 밤 열두 시가 넘어갑니다. '내일 마저 읽어야지' 하며 침대 머리맡에 두고 잡니다.

그렇게 책상 위, 침대 프레임 위, 베란다 앞 이곳저곳에 책이 놓입니다. 자유분방하게 놓인 책들을 보니 웃음이 납니다. 정신없는 하루를 지내는 저를 보는 것 같기도 하고, 그때마다 했던 저와의 약속들이 그대로 있는 것 같습니다. 처음에는 단순히 의지 부족인 줄만 알았습니다. 갈수록 계획을 시도하는 것 자체가 부담으로 느껴졌어요. 반드시 정한 약속은 지켜야만 한다고 생각하면서도 마음처럼 되지 않으면 불성실하고 실패한 것 같았죠. 계획한 대로 하루를 보내면 뿌듯해서 며칠간은 기분이 좋습니다. 몇 번 반복하고 나면 원래의 생활로 돌아와 있는 저를 발견합니다. 계획을 세우고 잘 지키는 사람이 부럽습니다. 전 뒤처지는 것 같은데, 다른 사람들은 차근차근 무언가를 이뤄내는 것 같았어요. 계획을 세우고 실패하는 일의 반복에 답답함만 쌓여가던 중, '습관을 만들기 위해서는 목표를 작게 세워야 한다'라는 말처럼 하루에 딱 한 페이지만 읽어보자는 소박한 목표로 바꿔봅니다.

가방에는 늘 책을 챙깁니다. 눈앞에 있는 책도 읽고 싶고 저 책도 궁금해서 두세 권씩 꺼내두고 바라봅니다. '고민을 왜 하고 있지. 그냥 다 챙기자. 읽고 싶은 책을 골라 읽으면 되지.' 그렇게 여러 권을 고릅니다. 하루는 회의가 있어 조금 일찍 출발했는데 그날따라 도로가 안 막힙니다. 도착하니 약속 시간까지 1시간이나 남았습니다. 이렇게 틈나는 시간에 읽으려고 가방 속에 챙겨 온 책을 꺼냅니다. 차 안에서 읽을 에세이집을 골라 아무 장이나 펼칩니다. 술술 읽혀 계속 책장을 넘깁니다. 햇빛이 좋은 날, 자동차 안에서 열린 창문 틈으로 부드러운 바람이 불어오고, 가끔 들려오는 새소리, 아무런 방해가 없던 고요한 이 순간, 더욱 집중이 잘된 시간입니다. 시간을 보니 벌써 약속 시간 10분 전입니다. 늦지 않으려고 황급히 채비하고 부리나케 뛰어가지만, 얼굴은 싱글벙글입니다.

기분에 따라 읽는 방식도 달라집니다. 어떤 날은 목차를 훑어보며 순서대로, 또 어떤 날엔 아무 장이나 펼쳐 읽습니다. 신기하게도 그렇게 펼친 페이지에서 지금 제게 꼭 필요한 문장이 눈에 들어옵니다. 마치 책이 말을 걸어주는 것 같습니다. 책 속의 문장을 따라가다 보면 복잡한 생각이 정리되고 어지럽던 감정들도 차분해집니다. '오늘 하루의 일상에 감사하자'라는 문장을 본 날에는 엘리베이터에서 만난 이웃에게 먼저 인사를 건넵니다. 상대방도 웃으며 인사를 받아줍니다. 그렇게 웃는 날이 많아지니 일상을 살아가면서 얻는 감사한 순간들이 많아집니다.

저녁이 되어서야 낮에 있던 일을 떠올려보니 유난히 충족된 하루입니다. 오늘은 좀 더 잘 보낸 것 같아요. 단순히 남은 시간에 책을 읽었을 뿐인데 말이죠. 무심코 한 행동들도 떠올려봅니다. 책을 읽어야 한다는 목표가 없어도 출퇴근길이나 카페, 혹은 궁금한 게 생겼을 때에도 자연스럽게 책을 찾아 펼쳤습니다. 이거였어요. 책을 읽는 습관을 만들자는 목표를 세우는 게 아니라, 언제든 읽을 수 있는 환경을 만드는 거예요. 굳이 목표를 세워 수행 여부를 신경 쓰지 않아도 가방에 책 한 권을 넣기만 하면 됐어요. 언제든 원할 때 책을 가까이하고 있었죠. 일상에서 부담 없이 제 속도대로 걷고 있었어요.

매일 몇 시에 무엇을 할지 정하고, 계획대로 실행해야만 루틴의 삶이라고 누가 알려줬을까요. 꼭 그러지 않아도 된다는 것은 반복된 실패를 경험하면서 깨달았어요. 좋아하는 순간들을 하다 보면 자연스럽게 반복된다는 것을요. 제게 책을 읽는다는 건, 오롯이 개인적인 시간을 갖는다는 의미입니다. 독서를 하는 동안만큼은 분주하게 움직이는 일상을 잠시 멈추게 하거든요. 어쩌면 반대로 바삐 움직이는 날에는 책을 읽는 여유, 그러니까 책을 펼쳐도 눈에 들어오지 않을 때도 있어요. 정신적 여유가 있는 날에야 더욱 몰입이 된다는 의미도 있습니다. 어느 것이든 중요한 건, 온전히 제게 집중할 수 있는 시간의 선물이 된다는 점입니다.

이제는 책 읽기뿐만 아니라 다른 루틴을 만들고 싶을 때, 다른 사람의 성공 방식을 맹목적으로 따라 하지 않습니다. 책을 좋아하는 사람들과의 모임을 통해 함께하는 시간을 만들거나, 원하는 활동을 잘하는 사람들을 만나 교류해요. 그런 환경에 저를 노출시키는 것만으로도 자연스럽게 저만의 루틴을 만들어가는 방법을 찾아갑니다.

"지키지 못하면 어때, 그런 날도 있는 거지. 그래도 넌 그날의 중요한 일은 꼭 하잖아."

이제 원하는 것을 하기 위해 애써 거창하게 만들지 않습니다. 대신 제가 좋아하는 순간들을 더 많이 찾아요. 그런 자원들이 쌓이다 보면, 어느새 삶의 리듬이 되어 있을 테니까요. 이런 날도 있고 저런 날도 있다고 허용해줍니다. 점점 몸에 밴 습관이 되어갑니다. 루틴은 억지로 설계하는 것이 아니라, 좋아하는 순간들이 쌓이면서 자연스럽게 발견됩니다.

## 3. 슈퍼우먼 주임 교사

- 김정현

　어린이집은 정말 재미있는 곳이다. 아이들이 있는 공간이기에 즐거움도 에너지도 큰 세상이다. 어린이집 주임 교사로 근무하고 있다. 어린이집 교사라 하면 아이들 보육만을 생각한다. 주임 교사는 보육 업무 외에도 하는 일이 많다. 원장님과 어린이집 운영을 계획하고 실행한다. 선생님들과 협력하여 결과를 만들어낸다. 많은 일들을 살피며 체크해야 하는 중간자 역할이다.

　"주임 선생님, ○○ 부모님께서 휴일 보육을 이용할 수 있는지 문의를 주셨는데 어떻게 안내해드리면 될까요?"

　"주임 선생님, 이번 어린이날 행사 준비는 잘 진행되고 있을까요?"

　"주임 선생님, 오늘 메이트 선생님 교육 출장인데, 지원받을 수 있는 시간은 언제일까요?"

　"주임 선생님, 내일 급히 연차휴가 사용할 수 있을까요?"

　하루에 나에게 업무적인 이야기를 문의하는 이야기도, 체크하는 이야기도 수백 가지이다. 그 일들을 놓치지 않고 처리해야 하고, 많은 사람과 이야기를 나눠야 한다. 이러한 상황에서 신속하고 정확한 업무를 진행하기 위해 세 가지 루틴을 가지게 되었다.

　첫 번째는 일어난 후 할 일을 순서대로 기록하는 루틴, 두 번째는 업무가 발생할 때마다 메모하는 루틴, 마지막으로 성경 말씀 읽기 루틴이 있다.

　아침에 일어나면 출근 전 핸드폰 메모장에 오늘 해야 하는 업무를 순서대로 기록한다. 이 루틴을 시작하게 된 계기가 있다. 난 갑작스러운 전환과 변화가 있을 때 불편함을 느낀다. 출근 전 오늘 해야 할 일을 한번 생각하고 계획한 후 출근하면 업무 할 때 안정적인 감정을 느낀다. 이렇게 업무를 처리했을 때 실수를 줄이고 완성도는 높일 수 있었다. 일을 하나씩 처리하며 메모를 지워갈 때 업무의 성취감을 느낀다. 퇴근 전 모든 업무 메모가 지워지면 오늘 하루도 애쓴 나 자신을 격려한다. 뿌듯하고 행복한 마음을 느낀다. 이 첫 번째 루틴으로 인해 업무를 계획적이고 순차적으로 처리할 수 있게 되었다.

　어린이집은 계획한 일들만 처리하는 곳이 아니다. 하루에도 여러 차례 돌발 상황 및 예상치 못한 일들이 찾아온다. 돌발 상황을 즉시 바로 처리하였더니 더 중요하던 업무가 늦어진 적이 있었다. '하던 일을 마무리하고 해야지' 생각하고선 까마득히 잊어버려 놓쳐버린 일도 있었다. 이런 실수를 겪으며 고민 끝에 만든 두 번째 루틴은 모든 업무를 간단히 메모로 기록하기였다. 메모는 아주 작은 것부터 시작하였다.

'영아반 구매 물품 중 반품 물품 처리하기.'
'유아반 원아 ○○ 부모님 문의 안내해드리기.'

기록한 업무들을 보며 먼저 해야 하는 일은 색연필로 표시한다. 색연필로 표시된 일부터 순서대로 처리한다. 이러한 과정을 통해 실수를 줄이고, 업무의 효율성과 정확도는 높일 수 있는 소중한 루틴이다.

어린이집은 여러 사람과 지내는 공간이다. 아이들, 부모님들, 교직원들과의 관계를 잘 만들어가는 게 중간자의 역할이라 생각한다. 내가 하고자 하는 중간관리자는 올바른 중심을 갖고 다양한 사람을 존중하며 하나의 길로 융화될 수 있도록 안내하는 역할이다. 부족한 부분이 많지만 노력한다. 여러 사람과 이야기를 나눌 때 감정 에너지가 많이 소모된다.

어느 날은 업무에 대한 피드백에 대해 속상했다고 이야기한다. 자신의 상황을 이해 못 해주는 거 같다며 서운함을 토로한다. 다른 선생님과 함께 일하는 데에 어려움을 이야기하며 조언을 구한다. 조언을 들으며 이미 다 해보았지만 안된다며 답답해한다. 업무량이 다른 선생님들에 비해 많은 거 같아 불합리하고 힘들다고 이야기한다. 업무를 정확하고 공평하게 분담해달라고 요청한다.

여러 사람과 이야기를 나누고 화장실에 갔는데 눈물이 주르륵 흘렀다. 귀를 막고 아무 말도 안 하고 싶었다. 다른 사람들의 마음에 공감하고 이해하려 하는 난, 정작 내 마음에 공감하고 이해해 줄 사람이 없었다. 외로웠다. 내 생각대로 이야기하고 싶었다. 안내와 협의가 아닌, 해야만 하는 지시형으로 말하고 싶었다. 그렇게 한다면 당장은 편할 수 있겠지만, 훗날 좋은 관리자가 될 수 없을 거 같았다. 내 마음이 건강해야 다른 사람과도 편안히 업무 소통을 나눌 수 있다는 생각이 들었다. 건강한 마음을 갖기 위해 무엇을 해볼 수 있을까 고민했다. 그렇게 시작한 세 번째 루틴은 성경 말씀 읽기다.

나는 기독교인이다. 종교가 사람에게 주는 힘은 크다. 말씀을 읽으면 마음이 안정되며 위로가 된다. 출근 후 업무를 준비하고 시작 전 2~3분간 큐티를 하기 시작했다. 상황상 출근 후 바로 업무로 투입돼야 할 때는 오전 중에라도 잠시 성경 말씀을 읽는다. 그날 나에게 주시는 말씀은 하루 동안 힘이 되고 중심이 된다. 힘든 순간에 오늘의 말씀을 떠올리며 지혜를 구한다. 물론 사람이기에 부족한 순간들도 있지만 그래도 그날 읽은 말씀을 통해 다른 사람과의 긍정적인 관계를 맺으며 일을 하는 데 큰 영향을 주고 있다.

어린이집 교사의 루틴은 필수다. 어린이들에게 안정감과 예측 가능성을 주며, 교사와 아이들 간의 신뢰를 형성하는 데 중요한 역할을 한다. 일정한 하루의 흐름은 아이들에게 안전한 환경을 제공하고, 감정을 조율하면서 관계를 더 깊게 만들어준다. 필요할 때는 루틴을 유연하게 바꿔서 아이들이 변화에 잘 적응할 수 있도록 돕는 게 중요하다. 소소한 활동을 함께 나누는 과정은 교사와 아이들 간의 소통을 강화한다. 작은 루틴 안에서 행복이 자리 잡는다.

업무는 취미가 아닌, 해야만 하며 보여줘야 하는 결과이다. 즐거움과 성취감도 느끼지만, 책임감과 스트레스도 크다. 일하는 사람은 좋은 업무 결과를 얻고 싶다. 인정받고 싶다.

사람이기에 실수할 수 있고, 유독 약한 단점이 있을 수 있다. 그럴 때 실수에 좌절하는 것이 아니라, 그것을 극복할 수 있는 작은 루틴을 시작해보길 바란다. 꾸준한 루틴을 통해 업무적으로 성장하는 날 발견하면 자존감도 덤으로 상승한다.

## 4. 나는 하루에 세 가지 한다

― 김하세한

첫아이를 출산 후 기쁨은 잠시, 출산의 진통보다 허리 통증이 극심했다. 신생아실에 갈 수 없을 지경이라 아가 얼굴을 퇴원하는 날까지 볼 수 없었다. 산후조리를 마치고 아이를 키우는 동안에도 통증은 주기적으로 찾아왔다. 오래 앉아 있거나 무리해서 움직일 때마다 허리는 신호를 보냈다. 이를 해결하기 위한 방법으로 여러 가지 운동을 시작해보았다. 요가, 필라테스, 수영까지 도전했지만 번번이 중도 포기하고 있었다.

어느 날, 큰아이가 내 허벅지를 만지며 말했다. "엄마, 근육이 하나도 없어요. 정말 심각해요. 제가 운동을 좀 알아봐드릴까요?" 나는 웃었지만, 그 말이 계속 마음에 남았다. 유난히 얇은 내 다리는 나중에 노인이 되었을 때 걷지 못하는 아킬레스건이 될지도 모른다는 막연한 두려움도 생겼다. 자신의 몸을 꾸준히 관리하는 사람들이 새삼 대단하게 보였고, 나도 그들을 따라 하고 싶어졌다. 운동과는 거리가 먼 삶을 살았다. 바쁘다는 핑계로 책상 앞에만 앉아 있거나 스마트폰을 보며 시간을 흘려보냈다. 그러다 보니 건강도, 집중력도, 체력도 점점 바닥을 향했다. 그러면서 내 몸을 돌아보게 되었고, 결국 운동을 결심했다.

유난히 더운 7월 중순의 여름, 처음으로 걷기를 시작했다. 새벽 공기가 후텁지근했지만, 걷기보다 침대에서 일어나는 것이 어려웠다. 처음에는 아침과 저녁을 구분하지 않고 단순히 걷는다는 행위 자체에 집중했다. 간신히 몸을 일으켜 밖으로 나섰지만 걷는 것조차 쉽지 않았다. 땀이 금방 흐르고 발걸음은 무거웠다. '이렇게까지 해서 운동을 해야 하나?' 한 걸음 한 걸음 내딛는 것이 버거웠다. 중요한 것은 언제 걷느냐가 아니라, 하루라도 빼먹지 않는 것이었다. 더위보다 내 몸을 변화시키고 싶다는 마음이 더 강했다. 그 이후로 걷기 전문 앱을 통해 올바른 걷는 방법을 배우고, 인터벌 걷기를 따라 하며 점차 나만의 속도를 찾아갔다.

'오늘은 3,000보만이라도 걸어보자.' 스스로와 약속한 그날 3,000보를 걸었고, 다다음 날은 5,000보, 일주일 뒤에는 10,000보를 걸었다. 앱을 이용하면서 걷다 보니 점차 자세가 바르게 되었고 몸도 가벼워졌다. 어느 순간 달릴 수 있을 것 같은 느낌이 들었다. 그래서 조심스럽게 속도를 올려 달려보았고, 지금은 걷기와 달리기를 병행하고 있다.

그렇게 시작한 걷기와 달리기가 내 삶을 바꾸어놓을 줄은 몰랐다. 추적추적 비가 내리고 음산한 기운이 감도는 새벽이었다. "오늘은 쉬어도 되겠지?"라며 침대 속에서 게으름을 피우려던 순간, 마음속에서 또 다른 내가 말했다. "너는 계속 이대로 있을 거야?"

그날, 우산을 들고 밖으로 나섰다. 비가 오는 소리를 들으며 천천히 걸었다. 몸은 젖었지만 마음은 깨끗해지는 기분이었다. 때론 비를 맞으며 달려도, 상기된 얼굴에 떨어지는 빗방울이 청량감을 더해준다.

그 순간 걷기와 달리기는 단순한 운동이 아니라, 나 자신과의 대화라는 것을 깨달았다. 지금도 나는 하루 최소 3,000보 이상 걷고, 5,000보에서 10,000보 이상 걷는 날이 더 많다. 가끔은 빠르게 달리기도 한다. 중요한 결정을 앞두고 있을 때, 고민이 많을 때, 혹은 아무 이유 없이 머리를 식히고 싶을 때. 걷고 달리는 동안 머릿속이 정리되고, 나 자신과 가까워진다.

몸을 움직이며 변화해가는 경험을 하다 보니, 정신을 위한 또 다른 루틴이 필요하다는 생각이 들었다. 자연스럽게 떠오른 것이 독서였다. 어릴 때는 책을 참 좋아했다. 하지만 성인이 되고 바쁜 일상에 치이며 책과 점점 멀어졌다. 서점에서 책을 사놓고도 읽지 않은 채 책장에 꽂아두기만 했다. 그러던 어느 날, 독서 모임 '커피나비'에 참여하면서 다시 책을 집어 들었다. 처음 독서 모임에 나갔을 때, 나는 말없이 남들이 하는 이야기를 듣기만 했다. '저 사람들은 어떻게 저렇게 깊이 있는 생각을 할까?' 부끄러웠다.

하지만 달라지고 싶었다. 그래서 매일 10분이라도 책을 읽기로 했다. 그렇게 읽기 시작한 책이 있었다. 『미움받을 용기』다. 한 장 두 장 넘기며 읽어 내려가는데, 어느 순간 눈물이 흘렀다. '내가 나 자신을 너무 미워하고 있었구나.' 그날 이후, 단순히 책을 읽는 것이 아니라, 내 삶과 연결해 해석하기 시작했다.

 독서는 단순히 지식을 얻는 것이 아니라, 나를 성장시키는 과정이었다. 책을 읽고 느낀 점을 공유하면서, 내 생각이 더 단단해진다는 것을 알게 되었다. 지금도 나는 하루 30분 이상 책을 읽는다. 독서를 습관화하기 위해 강제적인 환경을 만들었다. 매주 토요일 아침 7시에 시작하는 독서 모임 '커피나비'에 참여하며, 매월 마지막 수요일에는 소설 한 권을 읽고 이야기 나누는 '수소한' 모임에도 참석한다. 독서 모임을 통해 다양한 시각을 접하고, 책에 대한 깊이 있는 대화를 나누면서 독서의 즐거움을 더욱 깊이 깨닫게 되었다. 그렇게 책 속에서 길을 찾고 있다.

 독서를 하며 생각을 정리하다 보니 자연스럽게 내 경험과 느낌을 기록하고 싶어졌다. 처음 글쓰기는 '365일 매일 노트'에 하루 일과를 기록하는 것에서 시작됐다. '글을 쓴다는 것은 자신을 들여다보는 일이다'라는 누군가의 말처럼, 나는 글을 쓰면서 나를 마주하게 되었다. 하지만 처음부터 글쓰기가 쉬웠던 것은 아니었다. 처음에는 빈 공백을 채우는 것이 두려웠다. '내가 과연 제대로 쓸 수 있을까?' 몇 번이고 머뭇거리다 결국 노트북을 덮었다. 그러나 어느 날, 이유도 모른 채 마음이 혼란스러웠던 밤, 아무 생각 없이 일기를 쓰기 시작했다. '오늘은 힘들었다. 하지만 이런 날도 있는 거겠지.' 그렇게 짧은 문장을 적고 나니 마음이 한결 가벼워졌다. 그 후로 나는 매일 5~10분씩 글을 쓰기로 했다. 길지 않아도 괜찮았다. 하루의 감정을 기록하기도 하고, 독서 후 느낀 점을 메모하기도 했다. 2개월 정도 기록해나가다 보니, '365일 매일 노트'라는 이름과 달리 하루 분량이 점점 많아졌다. 노트의 의미가 없어 조금 더 큰 노트로 바꾸었고, 처음에는 반 페이지를 채우던 글이 어느 날은 온전히 한 페이지를 채울 수 있게 되었다. 그렇게 글쓰기가 내 일상의 중요한 일부가 되었다. 꾸준히 쓰다 보니 어느새 내 생각이 정리되고, 내면이 더 깊어지는 것을 느꼈다. 그리고 그 글들이 쌓여가고 있다.

글을 쓰는 것은 나 자신을 이해하는 과정이자, 내면의 목소리를 듣는 일이었다. 글을 쓰는 것은 글쓰기 실력이 향상되는 과정이기도 했지만, 오히려 볼펜을 잡고 손으로 써 내려가는 행위 자체가 주는 매력도 컸다. 그렇게 기록을 이어가면서 나도 성장하고 있음을 깨달았다. 처음부터 모든 걸 잘할 수는 없었다. 하지만 꾸준히 반복하며 나에게 맞는 방식을 찾아갔다. 걷기와 달리기를 하면서 수없이 포기하고 싶었고, 독서를 하면서 이해되지 않는 문장에 좌절했으며, 글을 쓰면서 백지 앞에서 막막함을 느꼈다. 하지만 중요한 것은 포기하지 않는 것이었다.

지금도 나는 완벽하지 않다. 어떤 날은 걷기보다 늦잠이 달콤하고, 책을 읽다가 졸기도 하며, 글을 쓰다 중간에 멈추기도 한다. 하지만 나는 안다. 루틴은 완벽하게 지키는 것이 아니라, 지속하는 것이 중요하다는 것을 안다.

나는 오늘도 걷고, 책을 읽고, 글을 쓴다. 작은 변화가 모여 더 나은 내가 될 거라는 믿음으로. 이 모든 과정이 나를 만들어가는 여정임을 알기에 하루에 세 가지를 실천하며, 꾸준함의 가치를 몸소 느끼는 하세한(하루 세 가지 하는) 삶을 살고 있다.

## 5. 나는 흡연자가 아닙니다

*- 쓰꾸미*

건강한 나는 사랑하는 사람들과 함께 늘 성장하고 가치를 채우며 살아가는 사람이다.

2024년 12월. 베트남 건설 현장에 혼자 출장을 나와 2년 넘게 끊었던 담배를 입에 물었던 것은 잘못된 결정이었다. 회사에서는 3개월 정도 출장이라고 이야기했지만, 4개월이 넘도록 가족들과 만나지 못했다. 복귀 일정도 확정되지 않았다. 가족들과 떨어져 지내는 시간이 끝나지 않을 것만 같았다. 20년 가까이 한 회사에 다니고 있다. 내 의지대로 살아가지 못하고 월급만 바라보며 살아가는 모습에 답답함을 넘어 욕설이 입 밖으로 튀어나오곤 했다. 출장 나온 프로젝트 실행 예산이 부족하다. 공사 기간도 충분하지 못해 날 선 반응이 바탕에 깔려 있다. 식사 확인 기록을 잘못 표기하면 관리팀에서 비아냥거림을 들어야 했다. 해외 현장에서 일하는 목적과 이유가 흔들렸다. 불안감과 허무함을 이기지 못하고 2년간 끊었던 담배를 다시 태웠다. 그렇게 물었던 담배는 습관이 되었다. 담배를 피운다고 결과가 달라지는 건 없었다. 출장 복귀하면 회사 상황이 좋지 못하니 집에서 자택 대기를 하라고 한다. 출장을 가라고 할 때는 잠시 다녀오라고 달콤하게 이야기하더니, 막상 출장을 나오니 현장 일이 끝날 때까지 일하고 오라고 한다. 인사 처리에 대한 실망이 컸다.

담배에 불을 붙였다. 한 모금 들이마시고 내쉬는 순간, 답답한 마음이 함께 빠져나가기를 바랐다. 담배만이 위로라 생각했다. 다시 피우니 바이킹 놀이기구를 타는 기분이었다. 술에 취한 사람처럼 땅이 움직이는 느낌이었다. 한 대 피우고, 30분 동안 머리가 아팠다. 정수리부터 이마 앞까지 쪼개지는 듯한 통증이었다. 역한 냄새가 코와 입안을 맴돌았다. 화를 가라앉히겠다는 핑계 삼아 끝까지 오기로 피웠다. 다섯 번 반복하니 머리의 통증은 사라졌다. 사라진 통증의 자리에 심리적 안정감이 자리 잡았다.

아침에 출근하기 싫었다. 7시에 체조하고, 근무 시작 전에 담배부터 피워 물었다. 연기와 같이 짜증을 날려 보냈다. 아침 미팅을 7시 15분에 시작했다. 내가 말하는 순간, 내 옆에 앉은 하 책임매니저가 코와 입을 손으로 가렸다. 과거 금연 중이었던 나도 담배 피운 사람과 대화할 때 풍겨오는 역한 냄새가 싫었다. 내가 그렇게 욕하던 사람의 행동을 하고 있었다.

금연을 다시 하기로 결정했다. 예전에 읽었던 『아주 작은 습관의 힘』을 다시 펼쳐 들었다. 책에서 밑줄을 긋고, 태그를 붙인 부분이 많았다. '정체성'이라는 단어에 형광펜뿐 아니라 별표도 있었다.

우리가 하는 행동들은 대개 각자의 정체성을 반영한다. 우리는 의식했든 의식하지 않았든 자신이 어떤 사람인지 스스로가 믿고 있는 대로 행동한다.

행동 변화를 만드는 구성요소가 3가지 있다. 마치 공 안에 공이 있는 모양처럼 각 요소는 다른 요소를 둘러싼다. 코어 사항은 '정체성' 변화다. 내 믿음을 변화시켜서 얻는, 내가 원하는 세계관과 자아상을 뜻한다. 2025년 이루고 싶은 목표를 다이어리 첫 장에 적었다. '건강한 몸과 마음을 가진 강인한 사람 되기'라는 문장이었다. 다이어리를 쓰기 위해서 펼칠 때마다 첫 페이지에 있는 문구를 작은 소리로 읽었다. 원하는 정체성이다. 중간은 '과정' 변화다. 담배를 피우고 싶으면 잠시 밖으로 나가서 걷기를 실천해본다. 만들고 싶은 루틴에 해당한다. 껍데기는 '결과' 변화다. '담배를 끊는다'에 해당한다. 금연을 하겠다는 목표이다.

담배 피우는 시간을 기록했다. 다이어리에 피운 시간에 세모 표기했다. 밥 먹고 난 후, 업무가 의지대로 진행되지 않을 때, 일을 하나 완료했을 때, 직장 동료와 대화할 때, 피곤을 느꼈을 때. 한 시간에 거의 한 대 피웠다. 합당한 이유가 없고, 스스로에게 거짓말로 담배를 피우는 것을 인정하려는 모습만 보였다.

식사와 담배는 상관이 없다. 금연 동안에는 후각이 예민해져 음식의 맛을 더 잘 느낄 수 있었으나, 담배를 피우니 후각이 둔감해짐에 따라 음식의 풍미를 즐기지 못했다. 먹는 것은 스트레스 상황도 아니었고 심리적인 위안이 필요한 사항도 아니다. 담배를 피우면 소화가 촉진된다는 정보를 본 적도 없다. 오히려 담배의 니코틴으로 소화를 지연시키고, 위산 분비를 증가시키느라 소화 장애를 일으킬 위험이 높아진다는 신문 기사만 보았다.

담배 하나를 피우는 데 10분 정도를 쓴다. 한 갑을 피우면 200분. 뭐든 할 수 있는 시간이다. 시간이 부족하다고 주변에 이야기도 하고, 블로그에 포스팅하고, 다이어리에 불만을 적었던 내 모습이 씁쓸했다. 업무와 담배는 상관이 없는데, 습관적으로 담배를 물고 있었다. 담배를 피우지 않고 직장 동료와 업무 이야기를 할 수 있다. 대화의 목적은 사람이지, 담배가 아니었다. 스트레스를 받았다고 담배를 물었지만, 피운다고 고민이나 문제가 해결되지 않았다. 해결책을 찾아서 실천해야 고민이나 문제가 해결되었다. 힘들다는 느낌이 들 때 담배를 휴식으로 생각하며 피웠다. 담배 피우면 폐나 혈관에 좋지 않다는 건 이미 알고 있었다. 담배 중독에서 나오는 핑계였다. 서로 짝을 잘못 지어 행동했다. 내 일상에서 핑계를 찾지 않겠다는 의지와 서로 충돌했다.

지금부터 금연을 실천해보려고 한다. 환경을 바꾸고, 감정과 행동의 연결을 바꾸고, 자아를 변화하려고 한다.

이제 출장 기간이 1달이 남았다. 담배를 피우던 베트남에서 담배를 피우지 않는 한국으로 돌아가면, 담배를 피웠던 환경을 바꿀 수 있다. 아침 루틴, 회사 업무 진행 방식, 저녁에 가족들과 보내는 시간. 하루를 채우는 사항들을 갈아치운다. 담배 피웠던 시간에 도움이 되는 루틴으로 채울 수 있다.

화가 나는 감정이 발생하면 담배를 피우러 나갔다. 이제 화가 나면 주변을 정리하고 청소하는 습관으로 바꾸려고 한다. 담배를 피울 때는 대부분 불안감을 느꼈다. 불안의 수준을 내가 수용할 수 있는 높이로 낮추려고 정리와 청소를 선택했다. 화가 나면 잠시 멈추고, 책상 위에 아무것도 없도록 정리하는 행동으로 연결하려 했다. 눈에 보이는 물건들을 줄이니 자극이 줄어들었다. 정해진 위치에 정해진 물건이 놓여 안정감을 느꼈다.

건강한 나는 사랑하는 사람들과 함께 늘 성장하고 가치를 채우며 살아가는 사람이다. 누군가가 나에게 담배를 권할 때의 대답을 "괜찮습니다. 담배를 끊었어요"에서 "괜찮습니다. 전 흡연자가 아닙니다"로 바꾼다. 미래에 언제든 담배 피울 수 있는 사람이 아니라, 흡연자가 아닌 사람으로 내 정체성을 변화시키고 싶다.

담배를 끊는 루틴을 만든다. 담배의 니코틴은 대마초보다 더 강한 중독성을 가진다고 알려졌다. 루틴에 실패할 수도 있다. 실패에 대해서 부정적으로 보지 않는다. 피우고 싶다면, 담배를 한 모금 피우고 다시 시작하면 된다.

내가 2년 전에 담배를 끊었을 때도 그렇게 시작했다. 인도네시아에서 근무하다가 한국으로 돌아갔다. 이번에도 베트남에서 한국으로 돌아가면서 담배 냄새 없이 사랑하는 아내, 아들과 딸을 마음껏 안아주며 한국에 도착했다. 담배를 피우면서 쓰던 돈은 아이들 용돈으로, 썼던 시간은 생성형 AI와 같이 그림도 그려보고 영어로 대화하면서 하루를 보낸다.

# 6. 재능 없는 소시민이
# 행복을 찾는 세상 쉬운 대안!

- 양소영

"엄마, 나는 뭘 잘해? 친구들은 잘하는 게 많은데, 나는 왜 잘하는 게 하나도 없지?"

셋째에게서 들었던 말이다. 나 역시 학창 시절, 그런 고민을 하며 살았다. 어른들도 다르지 않다. 우리는 모두 '나는 무엇을 잘할까?'라는 질문 앞에서 끊임없이 고민한다.

자신이 무엇을 잘하는지, 무엇을 좋아하는지 깨닫는 것은 생각보다 쉽지 않다. 꿈을 가지고 비전을 성취하는 과정은 멋지게 보이지만, 평범한 8할에 속한 우리에게는 호사스러운 단어로 보이기도 한다. 일상 속에서 나만의 고유성을 발견하고, 서 있는 자리에서부터 꿈을 이어가는 방법은 무엇일까?

**재능이 필요 없는 루틴**

오십이 넘어서야 철이 들었다. 이 '철'은 40대까지 치열하게 고민하며 쌓아온 청춘의 열매였다. 많은 시간을 멍하니 보내기도 하고, 때론 무기력하게 살아왔다. 나태와 회피 외에 다른 시도는 생각하지 못했다. 오히려 나 자신을 자책하거나 타인에게 원망을 돌리며 문제의 원인을 찾으려 했었다.

그런 방황의 시간 속에서도 놓지 않고 붙잡은 열망이 있다. 그것은 바로 나를 사랑하는 마음, 그리고 그 사랑을 바탕으로 내가 속한 공동체를 돕고 싶었던 마음이다. 그 마음은 결국 '재능이 필요 없는 루틴'을 발견하게 해주었다. 이 루틴을 때로 '미니 루틴'이라고도 하고, 나만의 '신나는 리스트'라고 부르기도 한다.

첫 번째는 '1분 챌린지'이다. 나에게는 침대 이불 정리가 바로 그것이다. 아무리 천천히 해도 1분이 걸리지 않는다. 이 작은 루틴은 나를 성공한 사람으로 느끼게 해주는 퀵 서비스 역할을 한다. 1분만 투자하면 내가 마치 정돈된 삶을 살고 있는 성공한 사람이 된 기분이다. 혹시 무기력하고 작아지는 기분이 드는가? 이불 정리 루틴을 추천한다.

두 번째는 '암송'이다. 한글이나 알파벳만 읽을 줄 알면 된다. 학창 시절, 생물이나 한국사 같은 암기 과목보다는 차라리 국·영·수를 잘하는 편이었다. 외우는 게 세상에서 제일 싫다고 해도 과언이 아닐 정도였다. 한국사를 100점 만점에 20점 맞았던 기억도 난다. 이 정도로 암기를 싫어하던 내가 성경을 하루에 한 절씩 암송하며, 누적해서 외우기 시작했다. 카톡 녹음 기능을 활용해 월요일부터 금요일까지 외운 내용을 올린다. 친구들과 함께하면 더 쉽게 지속할 수 있다. 일주일에 5일만 투자하면 된다. 하루에 한 절

정도는 외울 수 있다. 10분 정도 소요된다. 혹시 따라가지 못할까 봐 걱정이 된다면, 미리 서너 절을 예습하는 것을 추천한다. 이렇게 하면 바빠서 외우는 걸 놓쳐도 미리 예습한 분량이 있어 중도에 포기하지 않는다.

성경 암송으로 시작한 나의 외우기 영역은 인생의 평생 숙원 사업인 영어로 확장되었다. 매일 두 문장씩 생활 영어 회화를 외운다. 생활 회화는 "How have you been?" 정도 수준이어서 어렵지 않게 외울 수 있다. 이 역시 누적해서 외우면 1년에 600문장을 외울 수 있다. 2년이면 1,200문장, 10년이면 6,000문장이다. 외우기는 툭 치면 툭 나오는 효과가 있어, 1,200문장 정도 외우면 외국인과 기본적인 일상 대화는 가능할 것으로 기대된다. 영어 두 문장 역시 짧아서 하루 10분 정도면 외울 수 있다. 걷기 시간을 활용하는 것을 추천한다. 딱히 할 일이 없는 걷기 시간에 외우기가 잘된다. 앞으로 10년 정도는 이 습관을 유지하고 싶다. 게다가 생각지 못한 부가적인 이득이 있으니, 바로 치매 예방 효과이다. 여러 연구 결과에 따르면 외국어 학습이 뇌 기능을 활성화시키고 치매 예방에 도움이 된다는 것이 과학적으로 검증되었다.

이런 루틴들 덕분에 매일 성공감을 느낀다. 이는 자기효능감으로 이어져, 다음 도전을 향한 용기의 씨앗이 된다. 작은 루틴들은 서로 연결되며, 점차 그 영역을 확장한다. 지속성과 반복성 덕분에 이들은 기초가 튼튼한 핵심 습관으로 자리 잡는다. 겉으로는 똑같이 보이는 일상이지만, 내면의 세계는 분명 '신나고 즐거움'이라는 단어와 더 닮은 색깔로 변해가고 있다.

지하철에서 혼자 중얼거리며 걷는 오십 대, 키 작고 통통한 아줌마를 본다면 그 사람은 나일 가능성이 높다. 매일 영어 600문장과 성경 3개 챕터를 걸으면서 복습한다. 걸으며 외우는 습관은 운동과 공부를 동시에 할 수 있어, 내 경험상 가장 실속 있는 루틴이다. 재능이 없어도 누구나 할 수 있는 이런 루틴으로, 오늘도 내 인생을 소중히 다루는 연습을 한다. 의미 있는 삶을 살고자 하는 미래를 위해 오늘, 나에게 주는 격려이자 선물이다.

### 딸에게 배우는 루틴

우리 집 세 딸 중 둘째와 셋째는 쌍둥이다. 셋째인 민이는 2kg으로 태어나 생후 한 달 정도 인큐베이터에 있었다. 태어난 지 얼마 되지 않아, 2~3초 정도 뇌가 숨을 쉬지 않은 적이 있었다. 담당 의사는 인지 발달이나 지적 장애가 우려된다고 하였다. 한국에서 계속 추적 검사와 발달 검사가 필요하다고 했지만, 우리가 살고 있던 탄자니아로 생후 45일 만에 돌아갈 수밖에 없었다. 탄자니아에서 민이는 적절한 보건의료 지원을 받지 못했다. 성장이 느린 아이였고, 성인 예상 신장은 138cm였다.

민이가 초등학교 1학년일 때, 담임 교사가 학부모 상담을 요청했다. 아이의 인지 발달이 많이 늦으니, 일을 그만두고 민이를 전념해서 돌보는 것이 좋겠다고 하였다. 또한 수도권 지역에서 민이가 스트레스를 크게 받을 수 있으니, 지방으로 이사하는 것을 고려해보라고 말했다.

그로부터 2년 후, 민이가 초등학교 3학년이 되었을 때의 일이다. 민이의 짝꿍은 1년 동안 학교에서 한마디도 하지 않는 아이였다. 학년이 끝날 무렵, 담임 교사가 나에게 말했다.

"민이 짝꿍인 P의 부모님이 민이에게 너무 고맙대요. 아이가 집에 가서 민이 이야기만 한대요."

민이가 짝꿍인 P 옆에서 조용히 말도 걸어주고, 학용품이나 간식도 나눠주었다고 했다. 덕분에 P는 한 학년을 무사히 마칠 수 있었단다. '어? 민이에게 특별한 재능이 있는 걸까? 1학년 때 담임 교사 말만 믿고 섣불리 판단할 일이 아니었구나.' 민이를 향한 기대감이 생겼다.

나는 일을 그만두지도 않았고, 지방으로 이사 가지도 않았다. 아이는 인문계 고등학교를 다니며 3학년을 당당히 보내고 있다. 한글부터 구구단, 나눗셈, 영어 등 그 어떤 공부도 쉽지 않았다. 느리긴 했으나 어찌 되었든 한글을 떼었고, 영어도 기초는 한다. 또한, 외롭지 않게 민이에게 가장 친한 친구인 쌍둥이 언니도 있다. 민이는 자신의 속도에 맞춰 한 걸음씩 나아가고 있다.

민이는 멋진 꿈을 가진 아이로 성장하는 중이다. 세상의 모든 강아지를 사랑하는 민이는 현재 전문대 반려동물학과 진학을 준비 중이다. 민이가 아장아장 걷기 시작한 15개월경 일이다. "민이야, 어디 있어?" 하고 찾으면, 기저귀만 찬 민이는 마당에 있는 개집에서 "네" 하며 나오곤 했다. 심지어 개벼룩이 창궐해도 그 아이만 물리지 않았다!

부모로서는 민이가 4년제를 가면 좋겠다. 정부에서 셋째는 대학 수업료를 전액 국가장학금으로 지원해주기 때문이다. 하지만 아이의 소신이 확고하다. 동물을 돌보는 직업을 가지고 싶고, 그것을 위해서는 전문대 교육 과정이 더 실질적으로 도움이 된다고 한다. 오늘도 민이는 도서관과 서점에서 반려동물과 관련된 다양한 책을 읽고 있다.

민이는 우리 집에서 가장 부지런한 아이이다. 일상생활의 루틴을 잘 지키는 아이로, 그 아이에게 지각은 상상할 수 없는 일이다. 집에서 제일 먼저 일어나 등교를 준비한다. 학교에선 이해가 되지 않더라도 바른 자세로 수업에 임한다. 아침에는 말씀을 보고, 저녁에는 기도하고 잠든다. 민이의 기도 소리를 들으면 그 깊이에 놀라게 된다. 기도 내용이 부모보다 더 깊이가 있다. 민이의 미래를 기대한다. 민이가 습득한 좋은 루틴 덕분에, 대한민국에서도 이 아이는 당당히 살아갈 수 있을 것이라고 확신한다. 민이는 자기 속도에 맞추어 충분히 자기효능감을 느끼며 행복하게 살아가고 있다. 꾸준함이 이 아이의 능력이자 자산이 되었다.

나 자신에게도 다독인다. '부족해도 괜찮아. 느려도 괜찮아. 서툴러도 괜찮아.' 여기까지 오느라 우리 모두 정말 수고가 많았다. 우리 모두, 재능이 없어도 작은 루틴이 있으면 행복하게 살아갈 수 있다. 그대에게 작은 루틴이 있는가? 작은 루틴이 쌓이면, 삶이 달라진다. 민이처럼, 나처럼, 그리고 당신도.

# 7. 포기하고 싶은 바로 그 순간이
# 성장의 기회다

- 유가인

 '작가는 매일 글을 쓰는 사람이다'라고 배웠습니다. 책을 내었다고 작가가 아니라, 글을 쓰고 있는 순간 작가라고 부를 수 있다고요. 글이란 게 어느 날은 술술 잘 써지는 날이 있는가 하면, 어떤 날은 일어난 모든 일들이 마치 글 쓰는 걸 방해하는 마귀처럼 느껴지는 날도 있습니다. 세상만사가 자기 뜻대로 돌아가면 좋겠다고 생각하지만, 실상 그렇게 되면 오히려 성장과는 멀어질 것입니다. 고통은 진보의 동력이 됩니다.
 공저 에세이 제안을 받았을 때 별문제 없이 쓸 수 있을 줄 알았습니다. 지금 하고 있는 루틴 경험에 관해 쓰면 되겠지 생각했습니다. 초고 쓸 때부터 난관에 부딪혔습니다. 글 쓰는 루틴도 없었습니다. 무턱대고 글쓰기에 도움이 될 만한 책을 찾아 읽었습니다. 막막했습니다. 집필은 시작도 못 했는데 시간만 무심히 흘러갔습니다. 초고 마감 기한을 일주일 남겨두고 애가 탔습니다. 글은 써야 하는데 쓰지 못하고 노트북 화면 위에 깜박이는 커서만 뚫어져라 바라봤습니다.

자이언트 북 컨설팅에서 책 쓰기 수업을 5년 넘게 들었습니다, 글쓰기에 대해 조금 안다고 생각했습니다. 착각이었습니다. 실제로 쓰는 훈련은 많이 해보지 못했습니다. 글쓰기를 위한 준비 동작으로 독서, 독서 노트, 필사는 해봤지만 한 편의 글을 완성해본 경험은 별로 없었습니다. 글쓰기라고 해봐야 블로그에 간단히 그날의 일상 경험을 적어본 것이 전부입니다. 공저 에세이를 쓰기 위해 루틴에 관한 책을 찾아 읽었습니다. 막상 제 글을 쓰려고 하니까 자꾸 읽었던 책 내용들이 떠올랐습니다. 에세이를 쓰는 게 아니라 자기 계발서를 쓰고 있다는 느낌이 들었습니다. 제 글에 대한 자신감이 떨어졌습니다. 책 인용이 매 장마다 들어갔습니다. 권위 있는 사람에게 기대고 싶었습니다. 짝꿍 퇴고를 하면서 제 문체가 요가 선생님 말투처럼 들린다는 사실을 알게 됐습니다. 에세이는 작가의 개인 경험을 주로 표현해야 하는데 제 글엔 '내 이야기'가 빠져 있었습니다. 퇴고할 시간은 촉박했고, 인용한 내용은 '나만의' 경험으로 모두 교체해야 했습니다. '이걸 마감 기한까지 다 할 수 있을까?'라는 나약한 생각이 스쳐 갔습니다. 순간, 안 코치가 제게 했던 말이 떠올랐습니다. "여기서 포기하면 다시는 책 쓸 수 없게 될 거예요!"

이 고비를 넘기지 못하면 다시 책 쓰기에 도전하기 어려워질 거라는 말에 정신이 번쩍 들었습니다. '여기서 무너질 수는 없지!' 작가가 꿈이라고 말하면서 못 쓰겠다고 포기하면 작가가 될 자격도 없다고 생각했습니다. 왜 글을 쓰지 못하고 있는지 자신을 돌아봤습니다. 잘 쓰고 싶은데 생각처럼 표현이 되질 않았습니다. 남에게 비판받고, 평가받는 상황을 피하고 싶었습니다. 누군가 제 글을 보고 저것밖에 못 쓰냐고 수군대면 고개를 들지 못할 것만 같았습니다. 차라리 쓰지 않으면 욕먹을 일도 없을 거라고 생각했습니다. 늘 하던 '루틴'에 관해 쓰면서 자신감 있게 경험을 풀어내지 못하는 제 자신이 답답했습니다.

글이 술술 잘 써질 때가 얼마나 될까요? '글 내림'이 오는 날은 극히 드뭅니다. 글이 잘 안 써질 때 필요한 도구가 바로 '루틴'입니다. 본래 루틴은 운동선수들이 최고의 운동 수행 능력을 발휘하기 위해 습관적으로 하는 동작이나 절차에서 유래했습니다. 프로 골퍼들은 아침 기상 시간부터 스트레칭, 체력 관리, 식단, 퍼팅 연습 등 자신만의 철저한 루틴을 따릅니다. 루틴은 운동선수의 멘털 관리에 중요한 역할을 합니다. 배드민턴 여제 안세영 선수는 우승 인터뷰에서 "포기하지 않는 힘이 중요합니다! 반복의 힘이 중요하다고 느꼈어요"라고 말했습니다. 경기가 풀리지 않을 때도 끝까지 포기하지 않고 최선을 다해 뛰는 근성이 승부를 가릅니다. 이처럼 정상에 오른 선수들에겐 공통적으로 강한 정신력이 있습니다. 최상의 컨디션에서 좋은 경기력이 나오는 건 당연합니다. 그러나 최악의 상태에서도 경기력을 유지하게 해주는 것이 바로 루틴, 반복의 힘입니다. 루틴은 마음이 흔들릴 때 동아줄처럼 우리의 정신 줄을 붙잡아줍니다.

무조건 몰아붙인다고 글이 써지지는 않습니다. 생각의 흐름이 막히거나 진도가 나가지 않으면 잠시 기분 전환이 필요합니다. 근처 산책을 다녀오거나, 좋아하는 차나 음료를 마시고 나면 기분이 한결 가벼워집니다. 산책을 다녀와서 책상 앞에 다시 앉습니다. 글을 쓰기 전에 '나만의 짧은 의식'을 합니다. 심호흡을 크게 세 번 하고, 거울을 보고 미소를 짓습니다. 글 쓰는 데 도움이 되는 배경음악을 켭니다. 구글 타이머를 15분에 맞추고 집중해서 씁니다. 몰입이 잘되면 타이머 시간을 조금씩 늘려갑니다. 심호흡과 미소는 좋은 기분으로 들어가는 신호입니다. 행복한 기분으로 글을 쓰려고 의도했습니다. 공저 처음 쓸 때는 '잘 쓸 수 있을까?' 걱정부터 했다면, 지금은 '나는 글쓰기 연습 중이야'라고 자기암시를 합니다. 긍정적인 기분과 연결하니까 글쓰기가 즐겁고 편안해졌습니다. 글쓰기 전, 좋아하는 행동으로 짧은 의식을 만들었습니다. 이 의식 덕분에 글쓰기 공포를 덜어낼 수 있었습니다. 좋아하는 작가의 글 한 편을 읽고 나서 글쓰기를 시작하는 것도 도움이 됐습니다. 기분이 좋을 때 좋은 글도 나오는 법이니까요.

공저 에세이 쓰면서 중간에 포기하고 싶은 마음이 불쑥불쑥 올라왔습니다. 괜히 쓴다고 해서 사서 고생한다고 제 발등을 찍었습니다. 만약 포기하고 싶은 순간들을 무사히 넘기지 못했다면, 출간의 기쁨도 맛보지 못했을 겁니다. 루틴도 계속하다 보면 어느 순간 정체된 것 같고, 그만두고 싶을 때가 찾아옵니다. 그때 이 고통의 순간만 넘기면 한 단계 더 성장한 자신을 만날 수 있다는 사실을 기억합니다. 퇴고의 고통을 이겨내고, 작가로서 세상에 첫발을 내딛는 기회를 얻었습니다. '나만의 글쓰기 의식'은 덤이고요. 루틴을 매일 반복하는 일은 수행과도 같습니다. 반복하다 보면 고통을 감내하는 내공도 함께 쌓여갑니다. 루틴을 통해 단단하고, 강한 인내심을 선물 받았습니다.

# 8. 하루의 시작과 마무리

- 이주민

　루틴을 주제로 하는 에세이 공저에 참여하면서 내 일상을 돌아보았다. 나에게 어떤 루틴이 있을까? 매일 반복하고 꾸준히 했던 행동을 찾아보았다.

　제일 먼저 떠오른 건 아침에 쓰는 감사 일기다. 이사하고 월세 부담에 잠이 안 올 때, 감사 일기를 시작했다. 노트를 보니 2022년 12월 6일이 시작이었다. 그때 시작한 감사 일기를 지금까지 쓰고 있다. 감사 일기와 함께 100일 동안 100번 쓰기도 했다. 이거 하나만은 꼭 이뤄지길 바라는 마음으로 함께 썼다. 웅녀가 100일 동안 쑥과 마늘을 먹듯이 하루도 빠지지 않았다. 아이들 여름방학 때 3주 정도 한국에 다녀오는데, 노트를 가져가서 매일 썼다. 친정에서 동생 가족과 함께 지내다 보니 조용히 일기 쓸 시간과 공간이 없었다. 밤에 핸드폰 손전등 켜고 쓰기도 했다. 100일 동안 100번 쓰기는 세 번 쓰고 그만두었다. 목표가 너무 높았나. 3번 쓰는 동안 한 번도 이루어지지 않았다. 100번 쓰는 40분과 300일이 허무했다.

　초반에는 감사 일기를 하루도 빠짐없이 썼는데, 익숙해지니 빼먹는 날이 생겼다. 아마도 어제와 같은 이유일 것이다. 오늘 아침, 노트를 펴니 어제 쓰지 않은 걸 알았다. 어제는 아침 8시 30분에 온라인 강의가 있었다. 8시에 일어나 씻고 세탁기 돌리느라 감사 일기 쓰는 5분이 부족했다. 수업이 끝난 후 늦은 아침 먹고 베트남어 숙제하며 하루를 보내는 동안 잊고 있었다. 꾸준히 쓰다가 이 빠진 것처럼 숫자가 이어지지 않는 게 싫었다. 빠진 날짜 채워 두 개 쓸지 고민했다. 누구에게 보여줄 것 아니니까 정직하기로 했다. 오늘 아침에도 사라진 어제를 보며 '이런, 깜빡했네? 정신 차릴걸' 하고 오늘 감사 일기에 어제 마음을 더한다.

일기장은 동네 문구점에서 사는데, 살 때마다 디자인이 달랐다. 줄 수도 달랐다. 내 생활의 한 부분으로 정착한 감사 일기에 비싼 돈은 못 들여도 통일감은 주고 싶었다. 7월에 한국에 가면 다이소에서 검정 볼펜 3개들이 5묶음과 A5 스프링 노트 5, 6권을 사 온다. 나란히 꽂힌 노트는 깔끔해 보인다. 또, 평소 알지 못했던 나의 끈기를 증명하는 것 같다.

두 번째로는 독서 모임에서 하는 필사다. 책 읽고 글을 쓰는 사람들이 모여 공유하고 싶은 문장이나 좋은 글귀를 필사해서 올린다. 필사를 위해서 밤 11시 이후에 30분 이상 책을 읽는다. 좋은 문장이나 공감되는 문장을 찾아 필사하고 단톡방에 인증 사진을 올린다. 필사할 문장을 찾을 때까지 읽는다. 1시간이 지나도 안 나오면 자기 계발서를 꺼내 읽는다. 자기 계발서에는 필사할 부분이 꼭 있다. 필사는 작년 9월에 시작해서 되도록 빠지지 않고 한다.

처음에는 밤 12시 전에 인증 사진을 올리려고 했다. 그러다 보니 시간의 압박을 받았다. 내 일과가 다 끝나지 않았는데 밤 12시 전에 끝내려니 조급해진다. 몇 번 자정을 넘겼다. 아쉬움이 남았다. 어느 날, 자정 넘어 인증한 것에 대해 고민이 생겼다. 이것은 오늘 필사인가? 내일 필사인가? 고민하다가 나의 하루 기준을 정했다. 잠들기 전까지는 오늘이라고. 나의 하루는 아직 끝나지 않았다는 생각으로 밤 12시 마감의 압박에서 벗어났다.

필사용 책을 정해놓고 일주일 또는 열흘에 한 권씩 읽는다. 밤에 책을 읽고 필사하며 인증한다. 다른 사람들이 올린 글을 보고 책 소개도 받는다. 매일 필사하는 회원을 보면서 '나도 열심히 하자' 생각하게 된다. 인증 사진은 함께하지 않는 회원에게 보내는 메시지다. 오늘 읽은 책 필사도 하자고. 혼자보다 함께일 때 오래 할 수 있다는 권유다. 시간의 힘을 믿는다. 오늘 별거 아니어도 시간이 쌓이면 어떻게 달라질지 아무도 모른다. 매일 30분이 쌓여서 어떤 미래가 펼쳐질지 궁금하지 않은가?

최근에 웹소설 필사를 시작했다. '김비서가 왜 그럴까'라는 드라마가 있었다. 웹소설이 원작이라는 말에 웹소설을 보고, 웹툰도 보았다. 그렇게 웹소설, 웹툰 세상에 발을 들였다. 이후 드라마나 영화가 재미있으면 원작을 봤다. 학생들이 재미있게 보는 웹툰과 웹소설을 추천받고 나도 추천해준다. 성인용까지 보면서 즐겨 찾는 목록이 많아졌다. '김비서가 왜 그럴까' 드라마가 2018년 드라마다. 2018년부터 웹소설과 웹툰을 봤다는 사실에 깜짝 놀랐다. 내 생각에는 오래된 것 같지 않은데, 역시나 재미있는 건 시간 가는 줄 모르나 보다.

　몇 년을 보다 보니 나도 쓰고 싶다는 욕심이 생겼다. 불쑥 떠오르는 생각을 이야기로 만들고 싶었다. 하고 싶다는 생각만 하다가 최근 인터넷 검색을 하며 탐색 중이다. 필사하면서 웹소설 작가가 되기 위해 공부하기로 했다. 쓰고 싶은 장르 하나를 매일 한 편씩 필사한다. 운동하기 전, 스트레칭하는 기분으로 필사한다. 한 편의 분량을 확인하고 흐름을 익힌다. 읽을 때는 생각 없이 지나쳤는데, '이렇게까지 쓰는구나' 하는 세밀함을 배웠다. 팔목이 아프기 시작했다. 매일 30분 필사를 하면서 전업 작가의 고충도 느껴본다. 필사하면서 어려운 점은 대화를 쓰는 것이다. 매끄럽게 이어져야 하는 대화가 어색했다. 문장부호 때문에 오타가 자주 나면서 흐름도 끊겼다. 대화체를 쓰는 작가들만의 비법이 있는지 궁금하다. 필사한 지 한 달이 넘었다. 내년에는 작품 하나, 흉내라도 낼 수 있기를 바란다.

　베트남에 와서 낯선 생활에 적응하느라 바빴다. 베트남이 물가가 저렴한 편이지만 외국인인 나에게는 한국과 비슷했다. 월세도, 한국 물건도 비쌌다. 생활비가 많이 들어서 주말까지 유치원과 공부방 일을 했다. 똑같은 일상 반복하니 생활도, 생각도 단순해지는 게 느껴졌다. 꾀부리지 않고 바쁘게 살았는데, 역량은 떨어지는 기분이었다.

　유치원을 그만두면서 시간 여유가 생겼다. 베트남에 있는 동안

'뭐라도 배우자' 하는 생각에 베트남어 과외와 캘리그라피를 시작했다. 한인 문화센터로 일주일에 한 번 캘리그라피를 배우러 간다. 지난달에 새로 온 회원이 내 글을 보고 감탄하며 얼마나 배웠는지 물었다. 1년 조금 넘었다고 했다. 집에 와서 생각해보니 2년이 다 되어간다. 1년 배우고 이 정도라고 잘난 척한 기분이다. 다음 시간에 2년 다 되어간다고 정정했다. 1년은 괜찮은데, 2년의 세월로는 부끄러운 실력이다. 연습의 필요성을 실감했다.

캘리그라피를 2023년 5월에 시작하고, 베트남어 과외는 8월에 시작했다. 2019년에 베트남 온 지 4년 만에 배우기 시작했다. 베트남어 과외도 2년이 다 되어간다. 일주일에 두 번씩 빠지지 않고 한다. 초반에는 단어도 외우고 열심히 했다. 지금은 과외 선생님과 수다가 반이다. 며칠 전, 동생이 언제까지 배울 거냐고 물었다. 그정도 배웠으면 끝나야 하지 않냐고. 베트남에 사는 동안에는 유지할 예정이다. 시간에 비해 민망한 실력이지만, 거북이처럼 느리게 쌓이고 있다. 매일 하는 루틴은 아니지만 주 1회, 2회씩 하는 취미 루틴이다.

루틴 시작한 이유가 다양하다. 경제적인 문제와 아이들과의 소통, 그리고 미래를 준비하기 위해서 시작했다. 루틴으로 정착하기까지 시행착오가 많았다. 새벽까지 웹소설을 보다가 다음 날 목덜미가 뻣뻣하기도 했다. 핸드폰을 많이 보니 눈도 나빠졌다. 책 읽으며 마음 다스려도 사춘기 아들과 말 안 듣는 학생 때문에 화가 나면 독서도 의미 없었다. 어른인지 초등학생인지 헷갈리는 내면의 갈등을 겪으며 익숙해진 루틴이다. 목적이 있어서든, 의무감에서든 매일 반복하니 생활의 일부가 되었다. 익숙하니 쉬워지고 힘들지 않게 한다. '꼭 해야 한다'라는 압박에서 벗어나 '안 하는 것보다 낫다'로 생각이 바뀌니 부담 없이 하게 된다. 나의 하루는 감사 일기로 시작해서 필사로 끝난다. 기대되는 하루로 시작해서 미래를 준비하며 마무리하는 루틴. 안 할 이유가 없다.

# 9. 하루를 나에게 맞추기

- 장혜빈

시간은 정해져 있으나, 하고 싶은 일은 많습니다.

하루를 시간으로 나누어 루틴을 실천했습니다. 5시 기상, 5시 반부터 6시 반까지 1시간 운동, 9시부터 10시까지 1시간 독서, 10시부터 12시 2시간 독서 모임, 오후 8시부터 8시 30분까지 영어 공부.

주를 기준으로 루틴도 설정했어요. 주 1회 10시부터 1시까지 등산 모임, 배드민턴 레슨 20분, 바이올린 레슨 1시간, 주 2회 그림 수업 2시간.

시간을 기준으로 계획을 짜니 다른 일정이 생기면 지키지 못했습니다. 반복되는 상황에 다른 기준으로 계획을 세웠어요. 기준은 '나'였습니다. 하루를 나에게 맞추는 루틴. 변수를 고려해 내 시간에 일정을 맞추는 거죠. 아침에 일어나서 운동을 못 했을 경우, 대체 가능 시간과 운동을 계획했습니다. 몸이 아프거나 친척 방문 등의 상황이 생기면 아침 운동 대신 저녁 운동을 했습니다. 하루 루틴을 다이어리에 정리합니다. 수행하기 적절한 시간에 하나씩 해나갑니다. 하고 싶은 일들을 적어서 했는데 다 하지 못했어요. 우선순위를 정해 5가지를 골랐습니다. 5개는 해냈습니다. 3가지에서 5가지가 루틴으로 만들기 적당하다는 생각이 듭니다. 자기 전에 오늘의 루틴을 잘 수행했는지 점검합니다. 못한 부분이 있으면 이유를 찾아냅니다. 주로 몸의 상태가 루틴의 성공과 실패를 결정했습니다. 이유를 찾으면 다음 날 루틴 설정에 반영합니다. 마사지나 목욕 등 피로를 풀 수 있는 활동을 추가합니다. 수정된 루틴을 반영해 다이어리에 정리합니다. 실천과 점검을 반복합니다. 매일 같은 시간이 주어지지만, 활용하는 상황은 달라집니다.

가능한 한 목적과 실천 가능성을 고려해야 나의 루틴을 만들 수 있습니다. 하는 과정에서 변화하는 모습을 느낄 수 있어요. 현실에서 할 수 있는 것에 초점을 두어야 합니다. 원하는 것에 집중하고, 목표를 세우고 루틴을 실행해야 인생의 주인이 되는 것이죠.
무슨 일을 하든 나를 파악하고 관리하는 게 먼저입니다. 루틴도 계획도 나를 알아야 적절한 생각과 실행이 나옵니다. 루틴도 잡기 쉬워지죠. 무엇을 원하는지 알아야 맞춤 계획과 실천 가능합니다.

4년 전, 아이가 초등학교 입학을 했습니다. 아이의 시작을 응원하기 위해 제 체력이 필요했어요. 근육 만들기 루틴을 실천했습니다. 아이 등교 때 함께 나와 한 시간씩 헬스장에서 운동했습니다. 2년 동안 운동하며 인바디로 몸의 변화를 점검했습니다. 처음에는 지방량이 근육량보다 많았습니다. 한 달에 한 번씩 인바디를 이용해 몸 전체의 근육량을 확인하며 운동했어요. 1년이 되니 근육량이 체지방량과 비슷해졌어요. 근육량의 증가를 확인할 수 있었죠.

늘어나는 근육량을 보니 뿌듯했어요. 계속 운동하게 되더군요. 이게 루틴의 매력입니다. 오늘 당장 변화가 느껴지지 않지만, 하다 보면 작은 변화를 느낄 수 있어요. 조금씩 달라지는 모습에 꾸준히 루틴을 할 수 있는 동기도 나옵니다. 나를 만들어가는 과정입니다. 행동과 성취가 반복되면 원하는 모습을 만들 수 있습니다. 작은 결실로 이루는 행복입니다.

루틴을 설계하기 전, 나의 성향 파악이 먼저입니다. 아침형인지, 저녁형인지. 관심 있는 분야, 잘할 수 있는 일은 어떤 것인지. 생각보다 스스로에 대해 잘 알지 못하는 경우가 있어요. 관심이 없는 사람들도 꽤 있습니다. 주입식 교육으로 생각하는 시간보다 시키는 대로 살아온 날이 많기 때문이겠지요. 대학 입학과 함께 찾아오는 자기 주도 시간이 힘든 것도 비슷한 이유라 생각합니다.

대학교 선택이 어려웠어요. 좋아하는 일, 관심 있는 분야 생각해 본 적이 없더군요. 나를 몰라서 선택 자체가 힘들었어요. 선생님, 친구들과 상담도 여러 차례 했습니다. 적성 검사도 종류별로 해봤습니다. 결과지도 여러 번 읽으며 고민했지요. 자신을 알아야 선택이 가능합니다.

수업, 친구, 용돈, 시간 관리. 선택으로 가득한 시기가 대학생 때입니다. 나의 루틴을 시작한 대학교 2학년. 루틴을 꾸준히 하고 싶은데 작심삼일이 반복되었어요. 체력이 부족했어요. 몸뿐만 아니라 마음의 체력도 키워야겠다는 생각이 들었어요. 태권도 수업은 몸과 마음을 함께 단련합니다. 저에게 적절한 운동이었어요.

  처음에는 수업 시간에 충실했어요. 몸이 태권도에 적응한 것 같아서 10분씩 일찍 갔습니다. 30분을 일찍 가서 몸을 풀고 수업했어요. 부족한 부분이 있으면 사부님을 귀찮게 하며 배운 내용을 몸에 익혔습니다. 집에 가서 씻으며 다리찢기, 발차기 등 배운 동작을 틈틈이 연습하며 몸을 만들었습니다. 6개월 만에 1단을 취득했어요. 사부님과 수강생들이 놀라며 축하해줬어요. 꾸준한 루틴을 하면 원하는 성과물이 나옵니다. 심신 건강이 기본이 되어야 가능합니다.

  중학생 때, 논술 학원에 다녔습니다. 일주일에 한 번, 두 시간씩 수업했어요. 2주에 책 한 권씩 읽고 감상문을 쓰고 피드백을 받았습니다. 책을 다 못 읽고 간 날이 많았어요. 숙제를 못 했을 때, 수업 시간에 할 분량을 끝내지 못하면 집에 갈 수 없었어요. 남아서 다 한 후 집으로 갔습니다. 선생님이 좋고 수업이 재미있어도 숙제는 하기 싫었어요. 제 의견 없이 엄마의 선택으로 다닌 학원이어서 열정이 없었나 봅니다.

  태권도 학원과 논술 학원. 둘 다 배움을 위한 학원이지만 과정이나 결과에서는 차이가 납니다. 원하는 것을 찾고, 내가 루틴을 선택하고 계획해야 동기도 꾸준함도 나옵니다. 나만의 루틴으로 풍성한 인생을 만들어나가시길 바라는 마음으로 이 글을 적습니다.

# 10. 모닝커피로 하루를 시작합니다

- 조하나

정각 12시, 직장인에게 가장 중요한 점심시간. 메뉴는 쌀국수였다. 나이는 많지만 막내였던 나는 결정권이 없었다. 심심한 쌀국수를 먹고 난 뒤에는 반드시 카페를 들러야 했다.

"샘, 뭐 마실 거예요?"

메뉴판을 한참 들여다봐도 복숭아 아이스티가 없다. 안절부절 머뭇거리는 사이 뒤통수에 따가운 시선이 꽂히는 듯했다. 어쩔 수 없이 대체재인 아이스 초코를 골랐다. "사천 원입니다." 분명 챙긴 것 같은데 카드 지갑이 보이지 않는다. 내 동작을 눈치챈 듯 직장 선배가 본인 카드를 쓱 내밀었다. 누군가 내 음료를 계산해줬다면 큰 소리로 고마움을 표시해야 한다. 그래야만 직장에서 밉상 취급을 받지 않는다. 쭈뼛거리며 진동벨을 받아 자리에 앉았다. 결제한 선배의 영수증을 보니 에어컨이 빵빵한데도 등줄기에 땀이 흘렀다. 커피보다 두 배나 비싼 음료를 얻어먹는 눈치 없는 후배가 되었다. 진동벨이 울리자마자 재빠르게 일어나 음료들과 빨대, 냅킨을 챙겨 자리에 향했다. 이건 직업을 여러 번 바꾼 탓에 몇 번이나 막내로 살아온 나의 직장에서 살아남기 노하우였다. 자리에 앉자마자 선배들은 연예인 이야기, 집값 이야기, 남편 이야기를 하며 깔깔댔다. 연예인에 관심 없고 집을 살 돈이 없으며 미혼인 나와는 무관한 주제였다. 조용히 아이스 초코에 꽂힌 빨대만 씹고 있었다. 그때 한 선배가 나를 쳐다보며 말했다.

"선생님은 왜 커피 안 마셔요?"

답은 간단했다. 쓰고, 맛이 없었다. 하지만 다 큰 어른이 탄 맛만 가득한 검은 음료가 맛없어 안 먹는다고 말할 순 없다. 대충 카페인 때문이라고 얼버무렸다. 다행히 이야기의 화제는 카페인으로 전환되었다. 카페인 때문에 얼굴이 까매진 것 같다는 둥, 밤에 잠이 안 온다는 둥, 심장이 빨리 뛴다는 둥 다시 그녀들만의 이야기가 넘쳐났다. 자연스럽게 화제를 돌렸다. 과학적인 근거가 있지 않은 것 같은데 손뼉을 치며 서로 '맞아, 맞아'를 외쳐댔다. 빨대를 씹고 있지 않았다면 나도 모르게 심장은 원래 빨리 뛴다고 말할 뻔했다. 그렇게 모르는 척, 아닌 척하며 버텼다.

그러던 중 새로운 팀장이 오면서 상황이 바뀌어버렸다. 새 팀장은 의욕이 넘쳤다. 일이 아니라 다른 의미로 활기찼다. 생일이면 생일자 모르게 깜짝 파티를 준비해야 했고 근무 중이나 회의 시작 전에는 본인 사비를 털어 커피를 샀다. 메뉴는 아메리카노 통일. 거의 매일 커피를 사는 신임 팀장의 주머니 사정도 이해가 됐다. 하지만 내 자리에 놓인 커피는 얼굴을 찌푸리게 했다. 여러 번 맡아도 익숙해지지 않는 향이 코를 찔렀다. 잘 태운 종이 가루를 물에 개어 먹는 듯했다.

한번은 아이스티를 먹겠다고 주문 담당 직원에게 조용히 말했다. 잠시 후, 하트 모양 메모지가 붙은 음료 꾸러미가 배달 왔다. 문 앞자리의 선배가 음료 꾸러미를 받더니 큰 소리로 외쳤다. "이거, 복숭아 아이스티 누구예요?" 눈치 보며 손을 들었다. 역시나 하는 눈초리가 느껴졌다. 커피보다 오백 원이나 더 비싼 아이스티는 눈치 없음 그 자체가 되었다. 차라리 아무것도 먹지 않겠다고 말하고 싶었다.

하지만 단체와 화합이 중요한 여초 회사(구성원 대부분이 여성인 회사)에서 단체 활동을 거절한다는 것은 위험한 일이다. 이전 야근이 많았던 회사에서는 한 사람이 야근하면 모든 직원이 함께했다. 그날따라 피곤하기도 했고 자꾸 지연되는 퇴근 시간에 화가 났었다. 더는 있고 싶지 않아 팀원의 야식 타임 제안을 거절하고 업무를 마친 적이 있었다. 그날 이후 그 회사를 퇴직할 때까지 팀 간식에서 제외되었다. 이 경험이 내게 위험 신호를 보내고 있었다. 다음 날부터 커피를 시켰다. 그 대신 시럽을 잔뜩 뿌렸다. 그나마 탄내가 덜 나는 것 같았다. 그때 먹은 시럽이 10년이 지난 지금까지 내 팔뚝에 붙어 있다.

몇 년이 더 지나자 우리나라의 카페는 한 집 건너 한 집이 되었다. 친구를 만나도 애인을 만나도 공부를 해도 혼자만의 시간을 보내도 카페를 찾는다. 누군가 말하지 않았는가. 피할 수 없으면 즐기라고. 피할 수 없으니 즐기기로 했다. 차(茶)를. 우연히 들렀던 찻집에서 국화차를 마시게 되었다. 유리로 된 다기 안에서 피어나는 국화꽃은 신선하게 다가왔다. 씁쓸하지만 좋은 향은 마음에 안정을 주었다. 거기다가 소위 있어 보였다. 카페에 들를 때마다 새로운 차를 골라 마셨다. 히비스커스, 카모마일, 로즈메리. 이름처럼 선명하고 예쁜 색과 향기로움을 가지고 있었다. 쓰고 맛없는 커피를 마시는 당신보다 우아한 차를 마시는 내가 더 멋지다고 생각했었다.

그런데 이 차에는 치명적인 단점이 있다. 바로 차갑게 마실 수 없다는 것이다. 오 분만 외출해도 땀이 비 오듯 흘러내리는 여름에는 도저히 무리였다. 평소에도 열이 많아 더위에 취약한 내가 온몸을 따뜻하게 덥혀주는 따뜻한 차라니. 사우나가 나을 지경이었다. 어쩔 수 없이 재투성이 맛이 나는 커피를 주문해야 하나 고민하던 때, 메뉴판 구석에 있는 차가운 차를 발견했다. 행복한 비명이 머릿속을 채웠지만 능숙하고도 덤덤한 척 주문했다. 차를 즐기는 우아한 성인 여성은 호들갑을 떨 수 없다. "밀크티 주세요." 설레는 마음으로 받아 든 음료를 마시는 순간 유레카. 이렇게 달고 고소한 차가 있다니. 사계절을 모두 즐길 수 있는 차는 내게 커피 지옥에서 찾은 구세주가 되었다.

매일 찾았던 카페는 결국 통장 잔고를 바닥내고 말았다. 작고 소중한 월급은 우아한 척하는 여성의 한 달을 버틸 수 없었다. 이대로라면 곧 파산이었다. 그러다 생일 선물을 주겠다는 친구 말에 오래전부터 봐왔던 다도 세트를 외쳤다. 작은 찻잔과 찻주전자, 홍차 잎은 통장 잔고를 지켜줄 수 있을 것 같았다. 전기 포트에 물을 끓여 찻잔과 찻주전자를 씻고 데웠다. 어느 정도 온기가 느껴지면

찻잎을 넣고 물을 넣었다. 첫 찻물은 쓴맛이 나기에 한 번 버려야 한다. 찻잎을 넣고 기다리면 맑은 갈색의 찻물이 우러난다. 차 우리기가 끝났다는 신호다. 거기에 설탕을 잔뜩 녹였다. 대기하고 있는 큰 잔에는 우유와 얼음을 가득 넣어놨다. 그 둘을 합치면 '얼렁뚱땅 밀크티'가 완성이다. 매일 먹었던 탓일까. 자주 입던 치마가 금세 불편해지기 시작했다. 쏟아 넣었던 설탕은 온몸 구석구석에 붙어 나와 한 몸이 되었다. 반커피파로 버틸 자신이 없어졌다. 헤어 나올 수 없는 개미지옥처럼 더 이상 도망칠 수 없게 되었다.

십 년이 지난 지금 내 손에서 커피가 떨어지지 않는다. 그렇게나 도망치고 싶었던 선배들의 커피 타령을 이제 내가 한다. 업무 시작 전 모닝커피 없이는 일을 시작할 수 없다. 고민과 생각을 정리해야 할 때도 수시로 커피를 마신다. 퇴근 후 회포를 풀기 위한 동료들과의 기름진 식사도 연하게 탄 커피면 깔끔해진다. 한정판 이벤트 기간에 맞춰 구매한 텀블러도 찬장 안에 몇 개나 있다. 냉장고에는 드립 커피 원액이 항시 대기 중이다. 십 년이면 강산이 변한다는데 입맛도 변할 수 있는 것 아닌가. 끝까지 발버둥 쳤던 커피는 결국 내 삶 깊은 곳에 스며들었다.

누군가가 이제는 커피 맛을 아느냐고 물어본다면 지금도 모른다 말할 것이다. 그럼에도 커피를 마신다. 내게 커피는 세상과의 타협이었다. 친구와의 소통이고 애인과의 교류다. 직장 동료와의 전우애이자 선후배 사이의 배려다. 언제까지 혀끝을 자극하는 달콤함만 쫓을 수 없다. 달지만 쓴 것이 인생이라는 말처럼, 쓴맛 뒤에 오는 달콤함을 이제는 알아버렸다. 벗어나려 했던 커피는 예상치 못하게 삶 깊숙이 들어왔다. 매일 아침을 모닝커피로 하루를 깨운다. 루틴은 의도하지 않아도 만들어진다.

· 제3장 ·

# 루틴이 주는 삶의 안정

# 1. 과거보다 단단해질 나를 만드는 도전, 루틴

- 가람

"안녕하세요."

타닥타닥….

키보드 치는 소리만 공간을 메웠다. '어? 못 들었나?' 분명히 지난주까지는 인사를 받아줬던 사람들인데 아무 반응이 없었다. 다음 날엔 더 크게 인사하였다. 마찬가지였다. 오늘도 투명 인간이 된 기분이었다. 일주일이 지나도, 한 달이 지나도 아무도 받아주지 않는 인사. 내 목소리는 허공을 맴돌다 사라졌다.

"이거 1페이지짜리로 만들어서 제출하세요."

순간 잘못 들었나 했다. 30페이지는 족히 나올 연구물을 1페이지로 만들어서 제출하라니. 연구 결과를 아예 싣지 말라는 얘기였다. 그럼 나는 여기 왜 있는 걸까. 내 존재가 성가신가. 이해할 수 없는 일들이 계속되었다. 연구원을 경력이 아닌 나이순으로 따져 팀장을 시켰다. 그리고는 연구원을 각각 다른 팀으로 배치시켰다. 연구원끼리는 식사도 할 수 없게 만들었다. 어떤 날은 내 업무 수첩이 쓰레기통에 들어가 있었다. 다른 날은 출력한 연구 자료들이 없어졌다. 팀 회의 때 알람이 울리자 해외 직구해야 한다고 자기 컴퓨터 앞으로 가는 사람이 있었다. 누군가는 내게 다들 노는데 왜 이렇게 열심히 하냐고 묻기도 했다. 아이를 제일 일찍 어린이집에 맡겨놓고 출퇴근 3시간을 무릅쓰고 가는 직장. 경력 단절 후 재취업한 상황이라 이것저것 따질 수가 없었다. 사무실 들어갈 때마다 숨이 가빠지면서 숨쉬기가 어려웠다. 화장실에 가서 기도문을 읽어야만 겨우 들어갈 수 있었다. 퇴근해서도 쉴 수 없었다. 남편이 외국으로 장기 출장 가서 독박 육아를 했기 때문이었다. 24시간 내내 긴장의 연속이었다.

"얘, 너 무슨 생각 하니? H 좀 봐봐. 엄마한테 만든 거 보여주잖아."
아이가 보여주는 블록에 아무 반응 없는 날 본 친정엄마가 한마디 했다. '그때 이랬으면 괜찮았을까, 그건 내가 잘못한 건가. 그 사람은 나에게 왜 그랬을까.' 전 직장을 떠났는데도 나는 머릿속에서 여전히 출근 중이었다. 아이도, 나도 사는 길이라 생각해 퇴사했는데 왜 이러는 거지.

더 이상 과거의 기억 속에서 살고 싶지 않았다. 나를 놓아줄 방법이 필요했다. 문득 친구가 권했던 성경 암송 프로그램이 생각났다. 이걸 하면 끊임없이 나를 수렁으로 끌어들이는 전 직장의 기억에서 벗어날 수 있을 것 같았다. 마침 새로운 기수를 모집한다고 해서 바로 신청했다. 처음 암송하던 날. 너무 어려웠다. 단 한 구절인데도 자꾸 전 직장에서 들었던 말들이 떠올라 암송할 수 없었다. 그래도 해보자 하면서 다시 정신을 가다듬었다. 한 시간이 걸렸다. 다음 날은 누적해서 두 구절이 되었다. 매일 한 구절씩 쌓여서 스물한 구절을 암송해야 했다. 전 직장 생각할 틈이 없었다. 아이가 어린이집에서 오기 전에 집안일도 하고 암송도 해야 했다. 암송할 분량이 많아질수록 전 직장을 떠올리는 시간이 점점 줄어들었다.

암송하면서 좋아진 점이 또 있었다. 타인의 반응에 덜 신경 쓰게 된 거다. 암송을 시작하기 전에는 남편, 시부모님, 동네 엄마들, 교회 사람들 등 만나는 사람의 표정과 말, 행동을 살폈다. 상대방이 이전과 다른 태도를 보이면 내가 뭔가 잘못했나 되짚었다. 나의 말이나 행동으로 상대방이 언짢아진 건 아닌지 우선 사과부터 건넬 때가 많았다. 상대방은 전혀 미안해할 일이 아니라면서 나를 걱정해줬다. 이렇게 다른 사람과 있었던 일을 곱씹느라 정작 내가 할 일을 하지 못했다. 밤마다 오늘 있었던 일을 생각해 잠을 잘 수가 없었다. 그러나 루틴으로 암송을 하다 보니 다른 사람과의 일을 생각할 겨를이 없었다. 내가 꼭 해야 할 일인데 그걸 다 하려면 시간이 빠듯했다. 내 삶의 중요한 일에 관심을 기울이게 되었다.

"잠깐만. 파파고로 물어볼게."
아이들과 함께 하는 첫 해외여행 중에 길을 잃었다. 여행용 일본어 회화를 외워서 가야지 했는데 결국 못 익히고 일본에 와 있었다. 불안해하는 아이들에게 나의 번역사 파파고를 외치며 일본인에게 길을 물었다. 다행히 우여곡절 끝에 길을 찾았다.

일본 여행 후 아이들은 또 해외여행을 가고 싶다고 했다. 나도 아이들과 함께 다닌 여행이 생각보다 더 재미있었던 터라 또 가고 싶다는 생각이 들었다. 영어권 국가로 한번 가보고 싶었다. 영어는 세계 공통어다. 새삼 파파고로 이야기하는 것이 부끄러워졌다. 아이들 앞에서 자신감 있게 말하고 싶었다. 집에서 어떻게 영어 회화를 손쉽게 연습할까 고민했다. 그때 자기 계발서를 낸 친구의 블로그가 떠올랐다. 매일 영어 회화를 암송한 뒤 포스팅하는 모습이 인상 깊었다. 저렇게 하면 되겠다 싶었다. 마침 내일이 1월 1일이었다. 결심이 무너져 내릴까 봐 집에 있던 영어 회화 책을 집어 들었다.

오늘로 345일째이다. 여름에 성경학교 준비로 바빠져서 잠시 중단했다. 하지만 다시 시작했다. 하루에 두 문장씩 외우고 21일 치 문장을 누적 암송 중이다. 두 달 전 아이들과 대만으로 두 번째 해외여행을 다녀왔다. 이전에는 외국인과 영어로 말하기가 몹시 겁이 나서 무조건 남편에게 대화를 시켰다. 이번 여행에서는 작게나마 변화가 있었다. 상대가 하는 이야기가 좀 들렸다. 아직은 버벅거리고 어설펐지만 부탁할 때 Can I 구문으로 대화를 시도하고자 한 내 모습에 뿌듯했다. 이렇게 계속 5년을 하면 그때는 어색하지 않게 외국인과 의사소통할 수 있지 않을까 상상하게 된다. 나도 모르게 콧노래가 나온다.

블로그를 시작한 지 6개월이 지났다. 내 블로그에도 광고가 붙으면 좋겠다는 생각이 들었다. 그 마음을 담아 매일 블로그에 묵상 글을 올렸다. 블로그 포스팅에 광고가 들어가는 애드포스트(AdPost)를 신청했다. 첫 번째는 시원하게 탈락했다. 육아서를 읽고 요약도 하고 사진도 넣고 일상을 더욱더 정성스럽게 포스팅했다. 이웃 신청에도 애를 썼다. 한 달 뒤 드디어 광고가 붙었다. 너무 신기해서 하루에도 몇 번씩 블로그에 들어가보았다.

그런데 얼마 되지 않아 '오늘은 늦었으니 그만 자자', '이건 블로그에 올리기엔 좀 부족한데…' 하면서 포스팅을 띄엄띄엄하였다. 블로그 포스팅에 대한 열정이 사라졌다. 하루에 세 번씩 들어갔던 블로그에 한 달에 한 번 들어갈까 말까 했다. 아이들과 어디 다녀온 내용을 글로 썼다. 입장료가 어찌고저찌고 주차는 이렇게 저렇게 정보를 나열하는 포스팅을 했다.

2024년 8월, 나를 블로그의 세계로 이끈 친구가 9월에 글쓰기 무료 특강을 연다고 내 포스팅에 댓글을 달았다. 친구를 응원하고 싶은 마음에 무료 특강을 신청했다. 친구는 특강 참여자의 하루 경험으로 글 한 편 아우트라인을 뚝딱 만들어줬다. 신기했다. 특히 글에 메시지가 담기는 것이 놀라웠다. 내 블로그 글도 다른 사람에게 감동을 주는 메시지가 있는 글이 되면 얼마나 좋을까 하며 후기를 썼다. 마침 친구가 9월부터 책 읽고 단상을 쓰는 글쓰기 챌린지를 시작한다고 했다. 챌린지에 들어가면 매일 독서할 수 있고 메시지가 담긴 글도 쓸 수 있겠다는 생각이 들었다. 비용도 부담 없이 친구가 쓴 전자책 한 권 값 4천 5백 원이었다. 글쓰기 챌린지 루틴으로 21일을 꽉 채우고 나니 블로그 글이 바뀌어 있었다. 정보 전달 글에서 어설프지만 내 생각을 이야기하는 글로 말이다. 신이 났다. 블로그 포스팅할 맛이 났다. 블로그에 글을 계속 써서 내 책을 출간하는 모습을 상상하게 되었다.

"요즘 블로그에 무슨 일 생겼어요? 조회 수가 확 늘었던데요?"

글쓰기 코치가 물었다. 전문용어로 '조폭', 즉 조회 수 폭발이 일어났다는 얘기였다. 주일학교 찬양 인도 콘티에 대한 포스팅을 몇 개 올렸는데, 그중 성탄절 관련 글의 조회 수가 2천 회를 넘었다고 말했다. 글쓰기 코치는 그 주제로 전자책을 써보면 좋겠다고 했다. 『주일학교 찬양인도 첫걸음』 전자책이 두 달 전에 나왔다. 이럴 수가. 내 이름으로 책이 나오다니. 상상만 하던 일이 실제가 되었다. 매일 글을 쓰다 보니, 결국 전자책을 출간할 기회도 찾아왔다.

루틴을 수행하고 있다는 것은 당신이 과거보다 강하고 용감하다는 증거다. 루틴을 지속하면서 부정적인 과거는 놓아주고 긍정적인 미래를 기대하며 단단해진 나 자신을 발견할 수 있었다. 하나씩 새로운 일에 도전하는 내 모습이 자랑스럽다. 이 글을 읽는 당신도 할 수 있다. 루틴으로 지우고픈 과거는 버리고 꿈꾸는 미래를 위한 도전을 받아들이는 일 말이다.

## 2. 잠시 흔들려도 괜찮아

- 강명경

　저의 하루는 변덕스럽습니다. 어떤 날은 일찍 눈을 뜨고 가뿐하게 아침을 맞이하지만, 알람을 끄고 다시 눈을 감을 때도 많습니다. 하루의 컨디션은 변하고, 감정도 일정하지 않아요. 커튼 사이로 스며드는 아침 햇살이 바닥을 타고 들어옵니다. 조용한 거실이 빛으로 채워지는 순간을 발견합니다. 창문 쪽으로 걸어가 손끝으로 커튼을 젖힙니다.

　주말이면 운동화를 빨고 널었습니다. 출근길에 운동화를 챙겨 나가고 퇴근하면 운동장으로 향했습니다. 어느 날부터인가, 무릎이 이상하게 아프기 시작합니다. 처음엔 며칠만 쉬면 되겠지 싶어 대수롭지 않게 넘겼지만, 갈수록 통증이 심해져 걸을 때조차 불편해졌습니다. '의지와는 다르게 무리했구나.' 결국 다시 뛰기가 어려워져 운동을 중단할 수밖에 없었어요. 몇 년 만에 겨우 시작했는데, 통증으로 못하게 되니 답답했어요. 몸도 무거워지고 아침에도 늦잠을 잤어요. 아침을 허둥지둥 시작하면 출근길에는 단골집 가듯 커피를 사 마셨어요. 끼니를 대충 때우니 충동적인 소비도 늘어났고요.

피곤한 하루의 끝에는 작은 보상이라며 또 다른 소비가 반복되었습니다. 이런 패턴이 쌓이자 다시 예전처럼 늘어지고 무기력함도 따라왔어요. 뭔가 긍정적인 에너지가 많을 때와는 달랐어요. 하지만 무작정 다시 운동을 시작할 순 없었죠. 이대로 가면 안 될 것 같아서 패턴이 왜 이렇게 반복되는지 일상을 다시 점검해봅니다.

산은 세월이 흘러도 언제나 그 자리에 푸르고 단단하게 있습니다. 산책하며 걷다 보면 기분 좋은 땀이 송글송글 맺힙니다. 그때 바람이 불면 '아… 시원하고 좋다' 하며 공기를 느낍니다. 바람결에 나뭇잎끼리 부딪치는 소리를 듣고 보면 이리저리 흔들리고 있습니다. 잠시 기다리면 언제 그랬냐는 듯 제자리에 멈춰 있습니다. 자연도 흘러가는 세월을 살면서 뿌리가 뽑힐 만큼 흔들리는 순간이 얼마나 많았을까요. 덕분에 더욱 단단하게 자리를 잡았겠지요.

고요한 호수는 작은 손짓 하나에도 물결이 생깁니다. 물결들이 서로 만나서 흐르면 저 멀리서 봐도 호수가 흘러가는 물처럼 보일 만큼 흔들릴 때가 있습니다. 그러다가도 시간이 지나면 다시 잔잔한 호수가 되듯이, 저도 어느새 감정의 홍수에 있다가 원래의 저로 돌아옵니다. 감정의 파도가 올 때 흔들리는 저를 보고 있자니, 순간의 공기에 오르락내리락 요동칩니다. 그 모습이 나약해 보여 약점처럼 느껴질 때도 있었지만, 저의 그릇을 가늠하기도 합니다. 어쩌면 인생을 사는 사람다움이 아닐까 싶었죠. 살아 있음을 느끼며 다듬어져가는 길이라는 걸 발견했어요. 흔들리면 지는 줄 알았는데, 충분히 그럴 수 있는 거였어요. 그러고 보니 실패보다는 좋은 경험이라고 여겨집니다.

  overwhelm은 감정적 압도, 물리적 처리가 벅찬 상태로 감정이나 정신적 부담을 강조할 때 사용됩니다. 저의 이슈와 연관된 단어입니다. 감정에 흔들리는 순간만큼은 애써 모른 척하고 싶어 사람들을 만나거나 피하려고도 합니다. 때가 지나면 더 크게 마음을 다잡기 어렵다는 걸 알면서도 그랬죠. 이제는 잔잔한 저의 일상에 바람이 부는 걸 알 때, 혼자만의 시간을 갖습니다. 지금 해야 할 일을 놓지 않고 다잡습니다. 제 일을 사랑하고, 여태 쌓아온 커리어도 사랑하기 때문입니다. 갑자기 바람이 불고 감정에 흔들려도 하나씩 돌담을 쌓듯 올려나간 시간들은 쉽게 무너지지 않는다는 걸 압니다. 그렇게 저를 지키고 사랑하는 방법을 찾아갑니다. 두근거리는 설렘, 좀처럼 마음처럼 안 될 때 답답함과 화를 느낄 수 있다는 것에 감사한 마음입니다. 평탄한 일상에 파동을 일으키는 일들은 작은 스트레스가 될 수 있지만, 역동이 있어야 사는 맛도 난다는 여유도 생긴 것 같습니다. 눈앞에 보이는 것 이상으로 보이지 않는 것을 들여다보려는 순간들이 쌓여갑니다.

  잘 지내다가도 한 번씩 흔들릴 때를 알아차린다는 건요, 루틴이 흐트러지거나 왠지 무기력해질 때 어떤 신호 때문인지 짐작하는 데 도움이 됩니다. 주어진 세상을 맞이하는 기쁨, 작은 변화지만 효과를 느낍니다. 생각한 것을 놓쳐 후회하는 마음보다 긍정적으로 생각하는 횟수가 늘었거든요. 책을 꺼내어 읽을 때도 그렇습니다. 어떤 날은 글이 잘 읽히기도 하고, 한 문장에 꽂힌 날에는 깊이 몰입되어 사색합니다. 가방 속에 넣어둔 책을 밖으로 꺼내지도 못한 날도 있지만요. 그럼에도 늘 가방에 책 한 권을 넣고 다닙니다. 갖고 있다는 존재만으로도 안심입니다. 책을 읽지 못한 날에도 괜찮다고 말해주는 것 같거든요.

매일 퇴근할 때마다 운동장을 뛰지 못해도 괜찮았어요. 오전에 시간을 낼 수도 있고, 밖에서 달리지 못할 정도의 궂은 날씨일 때는 실내에서 근력 운동을 하는 걸로 대체할 수 있으니까요. 중요한 건 어떻게 하루를 맞이하고 시작하는가였죠. 저녁에는 하루를 마무리하는 루틴으로 일정을 확인하고 운동화를 챙깁니다. 그러다 보면 일주일에 매일 하는 날도 있고, 주 2회 할 때도 있어요. 그래도 좋았습니다. 언제든 원할 때 할 수 있다는 걸 알았거든요.

하루의 시작을 정돈하는 루틴은 자연스럽게 하루 전체의 흐름도 달라지게 했어요. 커피 한 잔을 마시더라도 생각해보고 마십니다. 식사도 가급적 정해진 시간에 영양까지도 고려해서 챙겨봅니다. 무엇보다도 불필요한 에너지 소비가 줄어들고, 저를 돌보는 긍정적인 방향으로 전환된 것이 느껴집니다. 감정도 마찬가지였어요. 예전에는 작은 실수에도 흠칫 놀라거나, 예상하지 못한 일을 겪을 때 불안한 마음이 재빠르게 올라왔죠. 순간의 감정이 저도 모르게 표현될 때 후회로 남았고, 다른 사람의 말 한마디에 종일 신경 쓰이는 날도 있었어요. 그러나 이제는 그럴 때마다 저만의 작은 루틴으로 스스로를 다독여봅니다. 감정이 올라올 때는 잠시 호흡하고, 한 발짝 물러서 바라보려고 합니다. 잘하려고 하기보다는 그냥 계속해봅니다. 그러다 보면 감정을 다루는 힘이 조금씩 길러지는 것 같습니다. '오늘 하루도 고생했어'라는 감각을 새깁니다. 마치 감정의 파도 속에서 중심을 잡아주는 닻처럼 느껴집니다.

 문득 '밤에도 나를 돌봐주는 순간이 있으면 좋겠다'라는 생각이 듭니다. 무엇이 있을까 며칠을 고민하던 중, 퇴근한 후 매일 밤에 따뜻한 물로 샤워를 하고 아로마 향을 피워두는 습관이 떠올랐어요. 그 순간만큼은 누구의 간섭도 없이 오직 저에게만 집중할 수 있는 또 하나의 순간을 발견합니다. 행동을 루틴으로 만들어보면 어떨까 싶어 조금 더 떠올려봅니다. 샤워 후, 수건으로 머리를 감싸고 화장대 앞에 앉습니다. 조명을 살짝 낮추고 잔잔한 음악을 틉니다. 그날 하루의 피로도나 기분에 따라 피아노 선율을 고를 때도 있고, 가사가 없는 재즈일 때도 있습니다. 로션을 바르고 수면에 도움이 되는 아로마 향을 선택해서 바릅니다. 하루를 정리하고 되돌아보는 작은 루틴은 하루의 마침표가 되어줍니다.

# 3. 38살 대학원생 워킹맘

- 김정현

누군가 "지금 행복한가요?"라고 묻는다면 1초의 망설임도 없이 "행복합니다"라고 대답할 거다. 행복한 이유는 큰 고민 없이 일과 가정을 잡은 안정적인 삶에 만족하기 때문이다. 워킹맘으로 살아가며 가정에서도 직장에서도 잘하고 싶었다. 가족과의 관계에서도 직장에서 업무에도 최선을 다했다. 모든 최선의 노력은 루틴의 시작이었다.

최근 MBTI를 접했을 때 낯설었다. 10여 년 전 혈액형으로 사람의 특성을 나눌 때보단 세부적인 접근이다. 나의 MBTI는 'ENFJ'이다. 'J'가 있는 나는 계획적이고 예측이 되는 삶을 보낼 때 안정감과 편안함을 느낀다.

루틴을 시작하며 삶이 안정화되었다. 다음이 예측되는 삶을 살아갈 때 불안이 낮고 안정감을 느낀다. 이러한 루틴을 실천하며 느낀 삶의 변화는 크게 두 가지로 볼 수 있다.

첫째, 마음의 편안함을 느끼며 스트레스가 감소하였다.
일상의 소소한 루틴 중 하나는 출근 기상 루틴이다. 이 루틴을 하게 된 이유는 10여 년간 어린이집 교사를 하며 다양한 근무 스케줄을 로테이션으로 했기 때문이다. 특히 오전 당직 출근일 땐 아침에 어린이집에 와서 문을 열고 첫 아이 등원을 맞이해야 한다. 오전 당직 전날은 늦게 일어나진 않을지 걱정되어 잠을 설쳤다. 어떤 날은 새벽에 1시간마다 깨서 시간을 확인하고 자기도 하고, 어떤 날은 알람을 듣고 5분만 더 자야지 했다가 늦어서 씻지도 못하고 출근한 적도 있었다. 어떻게 하면 실수를 줄이며 편안하게 일어날 수 있을까 고민을 해보았다. 고민 끝에 시작한 기상 루틴으로 출근일에 10분 간격으로 3번의 알람을 설정하여 일어나기 시작했다.

아침 7시에 첫 알람이 울린다. 7시에 첫 알람을 듣고 '이제 조금 있으면 일어나야지' 생각하며 반수면 상태로 휴식을 갖는다. 이 시간이 달콤하다. 꿈과 현실의 중간쯤에서 오늘은 어떠한 일들이 있는지 생각한다. 즐거운 일정이 있는 날엔 기대감에 미소가 지어진다. 어렵거나 힘든 일정이 있는 날엔 생각을 정리하며 준비를 하는 시간을 갖는다. 이 시간으로 오늘의 하루를 예측할 수 있고 편안한 일과를 시작할 수 있다.

7시 10분에 두 번째 알람이 울린다. 이제 기지개를 켜며 몸을 서서히 움직인다. 눈이 안 떠질 때는 눈을 감고 몸만 움직인다. 이 시간 이불의 포근한 촉감을 느끼며 편안하게 일어날 준비를 한다. 다음 알람에는 일어나야 한다는 생각과 함께 최대한 편안하게 잠에서 깨어나려 한다.

7시 20분, 3번째 알람이 울린다. 이제는 일어나야 한다. 이불에서 몸을 일으켜본다. 앉아서 눈을 뜨고 핸드폰을 켠다. 앞에서 이야기한 것처럼 오늘 해야 할 일을 순서대로 기록해본다. 그렇게 하루를 편안하게 시작한다. 소소한 기상 루틴은 출근 날 아침에 대한 스트레스는 줄이고, 편안하게 일어나는 데 큰 도움이 되고 있다.

둘째, 꿈꾸는 미래를 살아가게 되었다.

결혼 전, 직업에 대해 큰 꿈은 없었다. 대학에서 보육학을 전공했고 아이를 좋아해서 어린이집 교사를 시작했다. 아이들과 함께하기에 즐거운 직업이지만, 미래를 그려보진 않았다. 결혼 후에 아이를 낳으면 주부를 할 수도 있겠다고 생각했다.

결혼하면서 이사했고, 규모가 큰 어린이집에 취직하게 되었다. 어릴 때부터 살아온 지역을 떠나며 친구들과 만나는 시간이 급격히 줄어들었다. 자연스럽게 일에 대한 비중이 증가했다. 직업에 대한 미래를 그려보게 되었다. 단순히 교사에서 끝이 아니라 중간관리자, 관리자의 단계를 해보고 싶다는 생각이 들었다. 나의 교육철학이 담긴 어린이집을 운영하고 싶은 목표가 생겼다. 업무를 잘하고 싶었고, 인정받고 싶었다. 그렇기에 업무적 효율성을 올리기 위해 앞에서 이야기한 오늘 할 일을 순서대로 기록하기, 업무가 발생할 때마다 메모하기, 성경 말씀 읽기와 같은 작은 루틴들이 시작되었고 그 루틴들을 통해 계획적이고 체계적인 삶을 살게 되었다.

올해 교육대학원에 입학했다. 어린이집 관리자와 강의자의 꿈을 향해 나아가기 위해서다. 낮에 어린이집 업무를 하고, 밤에 수업을 듣고, 가정에까지 충실하기란 쉽지 않다. 대면 수업이 있는 화요일과 목요일엔 아침 7시에 집에서 나와서 밤 10시에 들어간다. 지친 몸을 이끌고 현관에 골인하면, 사랑하는 남편과 아이가 웃으며 수고했다고 인사를 건넨다. 피곤함이 녹아 없어진다. 가족의 한마디에 힘이 불끈 솟아난다.

　바빠진 삶이지만 주어진 상황에 어떤 루틴을 만들 수 있을까 생각했다. 대학원 입학 후 첫 주에는 수업을 하고 오면 인사를 나누고 잠자리에 들었다. 아이가 아쉬워한다. 엄마만 기다렸는데, 만나자마자 바로 자려니 슬프다. 아이와 관계도 중요하기에 어떤 루틴을 해볼 수 있을까 고민했다. 그렇게 시작한 루틴은 수업이 있는 날 가족과 '자기 전 30분 티타임'이다. 내가 도착할 시간쯤 남편과 아이는 간식상을 차리며 날 기다린다. 짧지만 달콤하다. 매일 늦게 자고 싶은 아이에게는 이벤트 같은 날이다. 대신 아이 컨디션 조절을 위해 수업이 없는 날은 평소보다 1시간 일찍 자는 루틴을 한다. 루틴의 실천으로 결핍은 채우고 삶의 균형을 맞춰간다. 가족과의 소소한 루틴이 아이에게 훗날 따뜻한 추억으로 남길 바란다.

　새로운 도전을 하는 내일이 기대된다. 바쁜 삶 속에서 시간을 활용하기 위해 어떠한 루틴을 만들어볼지 계속해서 생각한다. 어렵겠지만 규칙적인 루틴을 통해 대학원 생활도 잘해낼 수 있을 거다. 그렇게 내일을 기대하며, 노력하며, 꿈꾸고 있다.

　계속하여 도전하고 노력하는 삶을 살 수 있는 건, 가족과 소소한 루틴으로 맺어진 단단한 믿음이 그 시작이다. 가족과의 믿음을 바탕으로 안정적인 삶을 살아간다. 더 나은 미래를 꿈꾼다. 내 삶은 모든 작은 루틴들로 맺어진 소중한 결과물이다. 과거부터 해왔던 루틴, 현재 시작한 루틴, 앞으로 새로 만들어갈 루틴, 이 모든 것이 내 삶을 나아지게 한다. 루틴을 멈추지 않을 것이다.

# 4. 루틴에 삶을 맞추는가?
# 삶을 루틴에 맞추는가?

- 김하세한

아침 5시 30분, 알람이 울리기 전에 눈을 뜬다. 예전 같았으면 '5분만, 1분만 더…' 하며 마지막 순간까지 미적거리다, 더 이상 미룰 수 없을 때가 되어서야 겨우 몸을 일으켰을 것이다. 그러면서 정신없이 하루를 시작하곤 했다. 이제는 다르다. 창문을 열어 신선한 공기를 들이마시고 바깥 날씨를 천천히 살핀다. 공기가 차가운지, 바람은 얼마나 부는지, 하늘은 흐린지 맑은지. 겉보기에 단순한 이 일상이 어느새 아침 운동을 준비하는 중요한 과정이 되었다. 물론 핸드폰으로도 날씨를 확인할 수 있다. 숫자로 표시된 기온과 실제 피부로 느껴지는 온도는 다르게 다가온다. 창문을 열고 직접 확인하는 습관이 생겼다. 기온이 10°C라고 해도 바람이 매섭다면 옷을 더 껴입는다. 기온이 낮아도 공기가 부드럽고 햇살이 따뜻하면 가벼운 옷차림으로 충분하다. 비 소식이 없어도 하늘이 잿빛이면 마스크를 챙긴다. 미세먼지가 많다는 신호다. 날씨를 직접 체감한 뒤 운동복을 챙기고 그날의 날씨에 맞는 옷을 입는다. 아주 작은 준비지만 덕분에 아침 운동이 더욱 수월해졌다. 기계가 주는 숫자를 따르기보다 내 몸으로 환경을 직접 느끼고 반응하는 방식이 익숙해졌다.

이 변화는 운동뿐 아니라 일상에도 영향을 주었다. 무엇을 시작하기 전에 상황을 미리 점검하는 여유가 생겼고 하루를 서두르지 않고 차분하게 열 수 있게 되었다. 마음이 안정되니 자연스럽게 집중력도 높아졌다. 이렇게 시작된 하루는 조금씩 쌓여 분명히 내 삶의 흐름을 바꾸고 있음을 느낀다.

돌이켜보면 가장 소중했던 순간은 아이와 함께했던 시간이었다. 대개의 부모들이 그렇듯, 나 역시 아이가 규칙적인 하루를 보내길 바랐다. 그런 바람이 아이에게 강요가 되는 건 아닐까 걱정되기도 했다. 어른도 지속하기 어려운 실천을 아이에게 지키게 하는 것이 과연 옳은 일일까 망설여지기도 했다. 그래서 책 한 권을 읽어주기로 했다. 잠들기 전 책을 읽으며 아이와 자연스럽게 이야기를 나누는 시간은, 단순한 습관을 넘어 하루의 마무리를 따뜻하게 채우는 특별한 순간이 되었다.

"오늘 친구랑 종이접기 놀이했어요."

"선생님이 칭찬해줬어요."

이런 작은 이야기들이 오가는 그 시간은, 아이와 함께 만들어간 일상의 흐름이기도 했다.

처음 며칠은 생각보다 쉬웠다. 하지만 시간이 지나면서, 책 한 권을 읽어주는 일이 얼마나 큰 일인지 체감하게 되었다. 나와 아이의 컨디션, 집안의 행사나 일정에 따라 쉽게 흐트러졌다. 결국 '될 때만 하고, 안 되면 안 하는' 일관성 없는 행동이 되어버렸다. '아이를 재우기 전 책 한 권은 꼭 읽어주자'라는 나와의 약속은, 단순하면서도 끈기 있는 실천이 필요했다. 그러던 어느 날, 그 다짐이 조금씩 희미해져가던 시점에 네 살 된 큰아이가 물었다.

"엄마, 이제는 책 안 읽어줘요?"

그 말을 듣는 순간, 나는 깨달았다. 내 마음대로 건너뛰며 해왔던 작은 일상이, 어느새 아이의 하루에도 깊이 스며들었다는 것을.

그건 단순한 규칙이 아니었다. 아이와 함께 쌓아가는 소중한 기억이었다. 아이와의 일상 속에서 일정한 흐름이 자리 잡으면서, 변화보다 일관된 환경 속에서 자라는 아이는 더 큰 자신감을 갖게 된다는 중요한 사실을 배웠다. 규칙적인 생활 습관은 아이에게 안정감을 주었고, 반복되는 작은 행동들이 마음을 편안하게 해주었다. 결국 이러한 실천은 아이와의 관계를 더 따뜻하게 만들어주는 중요한 요소가 되었다.

모든 날이 계획대로 흘러가지는 않는다. 예상치 못한 일로 생활의 흐름이 깨지는 날이 오히려 더 많다. 지금도 피곤한 날에는 아침 운동을 거르기도 하고, 핑계 없는 날에도 귀찮아져 침대가 나를 붙잡으면 감사히 누워 있기도 한다. 예전에도 그랬다. 바쁜 날엔 아이와의 책 읽기 시간을 미루거나, 책을 읽어달라는 아이에게 피곤하니 그냥 자자며 달래기도 했다. 그러고 나면 어김없이 나태해진 나 자신을 자책했다. 작은 흐트러짐에도 스스로를 몰아붙였고, 완벽하지 못한 날을 실패로 여겼다.

이제는 다르게 생각한다. 지금까지도 '하세한'이라는 이름으로 3년 가까이 걷고, 읽고, 쓰고 있는 이유는 지속의 방식이 달라졌기 때문이다. 무엇보다 가장 큰 장점은 언제든 다시 돌아갈 수 있다는 데 있다. 하루 이틀 빠졌다고 해서 모든 것이 무너지는 것은 아니다. 중요한 건 다시 일상으로 복귀할 수 있는 힘이다. 정해진 틀을 완벽히 지켜야 하는 것이 아니라, 나를 위한 작고 꾸준한 습관이면 충분하다. 때로는 무너져도 괜찮다. 언제든 다시 시작할 수 있으니까.

이제 나는 일상의 흐름을 유연하게 받아들인다. 흐트러지는 날이 있어도 괜찮다고 스스로를 다독인다. 꼭 같은 시간, 같은 방식으로 하지 않아도 된다. 중요한 건 내가 원하는 방향으로 가고 있느냐는 것이다. 삶을 내가 주도한다는 사실을 깨달은 순간 모든 것이 한결 자연스럽고 편안해졌다. 이제는 무언가에 끌려가지 않는다. 그저 나에게 맞는 균형을 찾아가는 중이다. 그러기 위해서는 집착을 내려놓는 것이 먼저다. 처음에는 모든 걸 정해진 시간에 맞춰 지키려 했다. 그러나 그건 오히려 부담이었다. 그때 알았다. 생활의 리듬은 유연해야 한다. 그날의 컨디션에 따라 바꿀 수 있어야 한다. 삶을 어떤 기준에 맞추는 게 아니라, 기준이 삶에 맞아야 한다. 아침 운동을 놓쳤다면 저녁에 가볍게 산책을 하면 된다. 무엇을 하느냐보다 어떻게 받아들이느냐가 중요하다. 바쁠 때는 몰입한다. 쉴 때는 온전히 쉰다. 그렇게 아이들과 보내는 시간이 자연스레 생겼다. 일주일 중 하루라도 아이에게 집중하니 관계가 깊어졌다. 이제 나는 루틴을 단순한 규칙이 아니라 삶을 조율하는 도구로 활용하고 있다. 이 균형 속에서 나는 조금 더 단단해지고 있다.

아침 걷기는 몸과 마음을 깨우는 시간이다. 저녁의 책읽기와 글쓰기는 하루를 정리하는 시간이다. 일할 때는 몰입하고 쉴 때는 제대로 쉰다. 예전에는 '해야 할 일'에만 집중했다면 지금은 내가 원하는 삶을 만들기 위해 시간을 쓴다. 내가 만든 흐름은 틀이 아니다. 더 나은 하루를 위한 균형점이다. 중요한 건 루틴이 내 삶에 어떤 가치를 더해주는가이다. 빠짐없이 해내는 것보다, 삶에 자연스럽게 스며들게 했다면 그걸로 충분하다.

# 5. 삽을 든 나의 변화 이야기

- 쓰꾸미

돌을 빼내려고 하면, 삽이 최고의 무기다.

　장모님 칠순 기념으로 베트남 가족 여행을 계획했다. 다낭 패키지여행으로 예약했다. 아내, 아들, 딸, 장모, 장인, 처제, 동서, 조카 두 명. 가족이 함께하는 여행이어서 구글 캘린더, 다이어리, 집 안 달력에 모두 빨간색으로 '가족 여행 - 다낭'이라고 표시했다. 여행 가서 예쁜 사진을 찍고 싶어 패밀리 룩을 샀다. 나와 아들은 하얀색 바탕에 작은 나뭇잎이 잔뜩 들어간 티, 초록색이 들어간 반바지를 골랐다. 아내와 딸은 초록색 바탕에 꽃이 잔뜩 들어간 원피스로 정했다. 한국에서는 잘 입지 않는 민소매 티도 필요했다. 챙이 넓은 모자도 샀다. 햇빛이 강하다고 해서 선글라스도 가족 모두 챙겼다. 숙소에는 수영장뿐 아니라 해수욕장도 있어 아이들이 수영복을 챙겨 가자며 졸랐다. 아침에 쿠팡 상자가 현관 앞에 있었고, 퇴근길엔 다른 쿠팡 상자가 문을 막고 있었다. 네이버에 '베트남 다낭 여행 준비물'이라고 검색하고 리스트를 작성했다. 한 곳이 아니라 여러 곳을 방문하면서 리스트를 완성해갔다. 캐리어 하나면 충분할 줄 알았는데 두 개가 되었다.

여행 전날, 최종 확인을 위해 캐리어를 열었다. 일주일 전에 뽑았던 준비물 리스트를 들고 확인했다. 베트남 날씨를 확인하니 우산이 필요할 것 같아 캐리어 한구석에 넣었다. 겉옷은 6장이면 3박 5일 여행에 충분한데, 혹시나 하는 마음으로 2장을 더 준비했다. 베트남에서 자기 계발을 놓치기 싫어 책을 챙기고, 다이어리와 필기구를 넣었다. 혹시 급한 업무를 처리할지 몰라 노트북을 가져갔다. 노트북용 무선 마우스와 여분의 건전지도 챙겼다. 여행 중에 지갑을 잃어버리거나 돈을 분실할 것이 걱정되어 캐리어, 내 가방, 아내 가방 그리고 아들 가방에 돈을 나누어서 넣었다. 그리고 캐리어를 놓고 갈까 봐 자동차 트렁크에 미리 넣었다. 시계를 보니 11시가 넘었다. 집에서 인천공항까지 2시간 정도 걸리는데, 졸음운전을 걱정하며 잠자리에 누웠다.

다음 날 3시, 알람이 울렸다. 아이들부터 깨웠다. 보통 하루를 시작할 때 먼저 운동을 하고 샤워하지만, 여행 출발하는 날은 양치질과 세수만 했다. 나는 이미 씻고 나왔는데, 아들과 딸은 졸고 있었다. 물부터 마시고 씻으라고 말했다. 3시 30분. 마지막으로 가방에서 여권과 지갑, 그리고 항공권을 확인하고 주차장으로 향했다. 자동차에 시동을 걸고, 내비게이션에 인천공항이라고 입력하고 출발했다. 가는 길에 처제에게 확인 전화도 하고, 장모님께도 전화를 드려 출발했는지 확인했다. 고속도로를 타고 인천공항으로 향했다. 고속도로 위에서 갑자기 옆 차가 가까이 붙는다. 내 차는 차선 가운데로 가는데, 옆 승용차가 내 쪽으로 붙었다. 혹시 상대방 운전자가 졸음운전을 하는지, 차선이 안 보이는 것인지, 내 차선으로 끼어들기를 하려고 하는지. 걱정이 걱정을 부르며 운전했다. 영종도 근처에 도착했다. 아내에게 물었다.

"우리 제2터미널이지요? 진에어를 타니깐. 맞지요? 확인했어요? 비행기표는? 혹시나 모르니 핸드폰 안에도 저장했지요?"

점점 날카로운 내 감정을 마주했다. 즐거운 여행인데, 왜 이리 뾰족하게 반응하는지.

시간이 지나고 보니 불안이었다. 베트남에 처음 여행 가고, 내가 익숙하지 않은 베트남어를 사용해야 한다는 부담이 있었다. 패키지여행도 처음이라, 처음이라는 티를 내기 싫어 더 생각이 많아졌다. 늘 넘치던 내 자신감이 보이지 않게 숨었다. 시간이 지나고 보니 주변을 살핀다고 걱정하고, 해결 방안 찾는다고 착각하느라 움직이지 않았다. 원하는 결과가 아니니, 다시 나를 둘러싼 환경에 불만을 쏟아냈다. 영종도에서 인천공항까지 불안한 감정에서 벗어나지 못했다. 악순환이었다.

5시 30분. 공항에 도착했다. 비행 시간까지 4시간 정도 남았다. 아내가 장모님과 처제에게 어디까지 왔는지 연락했다. 아내가 확인하는 동안 핸드폰을 열었다. 열자마자 스마트폰 화면에 루틴과 관련한 '마이해빗'이 떴다. 아침에 다급하게 움직이느라 하지 못한 자기 선언 루틴 어플이 눈에 들어왔다. 평소에는 화장실 변기에 앉아서 소리 내어 읽고 완료 표기를 한다. 통화가 끝날 때까지 작은 소리로 문장 하나하나를 읽으며 완료 표기를 했다.

"난 부정적인 상황에서 '아니야. 아니야'를 되뇌는, 긍정적인 사람이다."

이 문장을 소리 내어 읽으며 마음이 불편했다. 베트남으로 향하는 비행기가 이륙하고, 마음에 여유가 생겨 아침 시간을 되돌아봤다. 어떤 문제든 예상할 수 있고, 해결해야지만 안전하다는 내 생각을 바꾸고 싶어 이 루틴을 선택했었다. 머리로는 이해했지만, 아직 행동으로까지 이어지지 않았다는 것을 발견했다.

이번 여행의 목적은 가족들과의 추억 만들기였다. 여행에 가서 필요한 물건이 없는 것도 시간이 지나고 나면 추억이었다. 불편한 사항을 해결해가는 과정이 전부 이야기였다. 장모님 생신날, 리조트 프런트에 생일 케이크를 요청했다. 추가로 돈을 내더라도 초를 켜고 축하하고 싶은 마음이 더 컸다. 리조트에서 기꺼이 무료로 지원해주었다. 리조트에 필요한 부분을 요청하면 방법을 찾을 수 있다는 지혜도 배웠다. 바구니 배를 타려고 걸어서 이동 중에 소나기를 만났다. 가이드가 우비를 주었다. 한국에서 우산을 캐리어에 넣고 왔으나 사용하지 못했다. 인천공항으로 오는 길에 옆 차와 가까워지는 느낌이었지만, 실제로 옆 차는 차선을 넘지 않았다. 내 차는 소형차(i-30)여서 차선 안에 들어가고도 넉넉히 남는다. 옆 차와는 충분한 공간이 있었다. 나는 해외 출장을 자주 다닌다. 한번은 대한항공을 타고 인도네시아로 가야 하는 출장이었다. 인천공항 제2터미널에 가야 하는데, 제1터미널로 간 적이 있었다. 무료 셔틀버스를 타고 움직여도 40분이 채 걸리지 않았고, 예상보다 이르게 탑승 시간보다 4시간 빨리 도착했다. 설령 잘못된 터미널에 도착하였어도 문제를 해결할 수 있는 시간이 충분했다.

　가이드가 베트남 다낭의 다른 이름은 '경기도 다낭시'라고 하였다. 여행하면서 제대로 영어로 이야기한 적은 딱 한 번. 장모님 생신 축하 케이크를 요청할 때였다. 현지 기념품을 살 때도 영어로 물어보면 점원은 한국어로 답했다. 내 불안한 생각 속에서만 긴장하고, 안 될 것 같다는 생각이 쌓였다. 막상 부딪히며 해보니 예상보다 쉬웠다. 물론 항상 쉽지는 않을 것이다. 그렇다고 모든 일이 안 된다는 법도 없다. 그러니 적당히 걱정하자고 나를 다독였다. 걱정할 시간에 움직이고 부딪히며, 문제를 하나씩 해결해나가는 방식이 여행을 즐기는 방식이라 믿는다. 내 일상도 여행처럼 보내고 싶다.

　내 마음 정원에서 불안과 부정적인 돌을 걷어내려고 한다. 부정적인 생각이 들면, '아니야. 아니야'라는 마법의 주문과 같이 삽을 들고 돌을 건져 버린다. 주문을 외우는 순간에 감정이 부정적인 상황을 인식했다는 자체만으로도 좋다. 이것이 긍정적인 감정으로 바꿀 수 있는 시작점이기 때문이다. 삽을 들고 하나씩 부정의 돌을 들어내면 된다. 작게 혼잣말이라도 바꾸고 싶다는 의지를 세상에 외침으로써 내 의지를 확인할 수 있다. 한 번 해서 바뀌지 않았다면, 두 번 하면 된다. 두 번 해서 안 바뀌면, 될 때까지 계속 도전하고, 변화를 갈망하면 된다. 이렇게 도전하는 것 자체가 원하는 정체성과 가까워지고 있다는 믿음. 그 믿음 덕분에 내가 원하는 정체성까지 도착한다고 믿으며, 삽을 들어본다.

# 6. 소시민의 마스코트, 거북이를 닮아가는 여정

- 양소영

**토끼와 거북이**

우리가 뻔히 아는 이솝 우화 중에서도 가장 흔한 이야기가 「토끼와 거북이」이다. 초등학교 저학년 이후 잊고 살다가 마흔 넘어서 깨닫게 되었다. 알고 보니 내가 '거북이과'에 속한다는 걸 말이다. 나랑 닮은 이 거북이 친구는 뚜벅뚜벅 한 길을 걷다 보면 누구나 언젠간 도착 지점에 다다를 수 있다는 희망을 보여준다.

이 해피엔딩이 자신의 부족함과 한계로 인해 자존감이 낮아질 때 어느새 다가와 용기를 불어 넣어준다. 달리기 경주에서 누가 더 빨리 도착했는지는 중요하지 않다. 토끼랑 상관없이 자신이 시작한 길을 끝까지 완주한 거북이처럼 나의 삶도 그러하기를, 특히 중년을 넘어 노년의 삶에서도 그런 꾸준함이 있기를 소망해본다.

**20년 만에 끝낸 숙제**

나의 이십 대는 열정과 모험심으로 가득 차 있었다. 가난한 자들의 친구가 되고 싶다는 인생의 목표를 설정한 이후, 전공도 바꿔 학사편입도 하고, 내친 김에 대학원도 갔다. 그에 안주하지 않고 당시 세계 최빈국에 속했던 방글라데시에 1년간 해외 자원봉사도 다녀왔다.

누구보다 뜨겁고 가치 있게 이십 대를 살다가 맞이한 스물아홉, 예상치 못한 인생 첫 실패를 경험한다. 바로 석사 논문 프로포절 심사였다. 당시 갓 입사한 회사 일이 공부보다 백배는 더 재미있어 대충 석사 과정을 마무리하고 싶었다. 잘 짜깁기해서 논문을 쓰려던 찰나였다. 아뿔싸! 논문 심사위원 3명으로부터 생애 최초로 신랄한 비판 3연타를 맞았다. 정신이 혼미해졌다. 대학 졸업 후 사회생활만 하는 친구들과는 다른 길을 의미 있게 걸어왔다고 생각했었다. 그 시간이 모두 부정당하는 느낌이었다. 논문 프로포절 심사가 좌절된 이후 영구 수료가 결정되기까지 6년간 치밀하고 은밀하게 지도교수를 피해 다녔다.

괜찮다고 합리화했다. 석사 학위 따위 없어도 인생에 아무 지장이 없으니 말이다. 그보다 더 가치 있는 일을 가정과 회사에서 이미 하고 있다고 애서 치부했다. 심지어 고학력만 부추기는 사회에 반기를 들었다는 뿌듯함도 있었다. 다만 아무도 모르는 나만의 찝찝함이 있었다. 논문 회피는 묵직한 돌덩이처럼 내 마음속 심연 어딘가에 가라앉았다.

그로부터 20여 년이 흐른 2021년, 회사에서 새로운 사업장으로 발령이 났다. 지금까지 하던 업무와는 전혀 상관없는 사회복지 일선 현장이었다. 사십 대 후반의 나이에 어떻게 현장에서 직접 서비스하는 일을 하지? 낯선 이에 대한 직원들의 경계심도 느껴졌다. 나이 많고 현장 경험 하나 없는 아줌마를 팀장으로 누가 반겨줄까? 나라도 싫겠다. 정신이 바짝 들었다. 와, 이거 제대로 일 안 하면 바로 월급 루팡 소리 듣겠다.

그래도 가느다란 희망은 있었다. 아이 셋 키워본 경험이 싱글 사회복지사가 많은 이 조직에선 나만의 경쟁력일 수 있겠단 생각이 들었다. 은근히 사례 관리, 아동 및 부모 상담, 감정 코칭 등이 재미있었다. '내가 생각보다 현장 체질이구나. 내친김에 이 분야 관련한 석사 학위 하나 따볼까?'

우리 집 가정 형편에 맞는 방송통신대학이나 사이버대학교 석사 과정을 알아보기 시작했다. 그제야 20년 전, 석사 수료가 아깝단 생각이 들었다. '아, 그때 너무 도망가지만 말고 혼날 때 혼나더라도 논문을 좀 써볼걸.' 다시 시작하려니 돈도 많이 들고, 나이 들어 공부하는 것도 부담이 되었다. 내일모레 오십인데 너무 늦은 건 아닌가 싶었다.

여동생 부부가 일단 수료한 학교에 문의해보라고 해서 설마 하는 마음으로 전화해봤다. 학교에서는 영구 수료자를 대상으로 일생에 단 한 번, '논문 제출 자격을 다시 부여받을 수 있는 제도'가 있다고 안내했다. 태어나 처음 들어본 이 제도를 활용하면, 가장 저렴한 비용으로 가장 빠른 시일 내에 석사 학위를 받을 수 있다!

우여곡절 끝에 논문 학기를 다시 다니게 되었다. 20년 만에 간 학교는 길을 찾을 수 없을 정도로 많이 변해 있었고, 대학원 시절 지도교수는 이미 은퇴했다. 학과장인 교수가 울며 겨자 먹기로 날 지도해주기로 했다. 20년의 세월 동안 학교 외형만 바뀐 것이 아니었다. 석사 논문이 무슨 박사 논문인 줄 알았다. 표절이나 연구 윤리 준수 등 진리를 향한 대학의 수준이 높아졌다. 짜깁기 능력이 곧 실력이라 믿던 시절에 대학을 다닌 나로서는 당황스러웠다. 그래도 우리나라의 학문 수준이 정상 궤도로 진입한 것 같아 기쁘기도 했다. 문제는 내가 변화된 대한민국 대학원 수준을 따라가지 못한다는 점이었다.

논문을 위해 퇴근 후에, 그리고 주말마다 고3인 첫째 딸과 함께 스터디 카페에 갔다. 통계의 기초, 문헌 조사의 기초부터 시작했다. 글쓰기가 이렇게 어려운 거였나? 회사에서는 주로 엑셀과 파워포인트를 사용하고 워드를 쓸 일이 거의 없었다. 그런데 대학 시절처럼 다시 워드로 돌아왔다! 내 생각이 무엇인지 잘 모르겠지만, 자꾸 읽고 정리해야만 했다. 주어와 술어의 일관성도 잘 맞추지 못하는 내가, 다른 사람이 쓴 논문들을 읽고 요약해야 했다. 표절 시비가 있을 수 있으니 절대로 베껴서는 안 되었다. 분명 한글인데도 이해가 되지 않았다. 나는 난독증인가? 성인 ADHD인가? 온갖 내적 갈등과 자신에 대한 자괴감 속에서 치열한 논문 쓰기 과정을 1년 정도 겪었다.

나의 유난스러움에 지인들이 박사 학위 논문 쓰는 줄 알았다고 놀리기도 했다. 조금 억울하기도 했지만, 어쩔 수 없었다. 20여 년 만에 하는 공부라 그런지, 내게는 마치 초등학교 6학년이 대학 공부를 하는 느낌이었다. 논문을 쓰면서 예상치 못한 보상도 있었다. 사춘기를 지나 서먹해졌던 첫째 아이와 스터디 카페를 함께 가고, 공부 중에 떡볶이 간식 타임을 가진 덕분에 관계가 회복된 것이다.

반백 살이 된 여름, 마침내 논문이 통과되었다. 교수는 내게 칭찬을 건넸다.

"와, 실제로 논문을 끝까지 쓸 줄 몰랐어요. 논문 제출 자격 재부여 제도를 통해 논문을 마친 경우를 본 적이 없거든요. 고생 많았어요. 우수 논문으로 학교에 추천할게요. 잘 썼네요."

우수 논문은 아쉽게도 탈락했지만, 지도교수는 추천만으로도 가문의 영광이라며 축하해주었다. 그의 한마디에 20년 묵은 체중이 내려가는 기분이었다. 현재 내 인생 역작인 석사 논문은 우리 집 냄비 받침 신세다. RISS(학술연구정보서비스)에 잠깐 들어가보니 다운로드 수도 그리 많지 않다.

그래도, 돌고 돌아 결국 뚝심 있게 뭔가 하나를 끝냈다. 우화 속 주인공이 알고 보니 바로 나였다. 재능과 좋은 환경만을 바라던 이십 대를 지나, 삶의 낮은 자리에서 묵묵히 살아온 결과 인생의 작은 성취를 경험했다.

스스로를 인정하고 받아들인 그 순간, 내 인생은 서서히 다른 방향으로 흐르기 시작했다. 이전보다 시작할 용기가 생겼다. 지금은 부담 없는 작은 도전들, 나노 수준의 시도들을 일상 속에서 실천하고 있다. 여전히 내가 시도한 루틴의 대부분은 실패로 끝나지만, 괜찮다. 계속 실험을 해가며 내가 꾸준히 할 수 있는 일이 무엇인지 조금씩 알아가고 있으니까. 회사 동료가 알려준, '할까 말까 고민되면 일단 하자'라는 말이 지금 내 삶의 원리와 완벽하게 맞아떨어진다는 걸 깨달았다.

논문을 쓰기 전 20년이라는 시간을 뜸 들인 덕분이기도 하다. 그 이십 년 동안 나는 그저 놀고 있지 않았다. 수많은 시행착오를 겪으며, 작은 걸 소중히 여기는 걸 꾸준히 연습해왔다. 나를 사랑하고, 타인을 존중하며, 있는 그대로 받아들이는 법을 익혔다. 자존감이 낮고 열등감에 시달리며 자신을 자책하던 내가, 이제는 과정을 즐길 줄 아는 사람이 되었다. 돌아보면 방황의 시간들이 내 회복 탄력성을 키우는 준비 과정이었다. 작은 성공을 경험한 뒤 자신감이 터보 엔진처럼 붙었다. 오랜만에 만난 친구는 깜짝 놀란다. 예전엔 겸손하게만 말했는데, 이제는 당당하고 여유 있어 보인다고.

나와 같은 평범한 소시민들에게 이 경험을 나누고 싶다. 잘 하지 않아도 되니, 시작과 끝이 있는 경험을 통한 자기효능감을 가져보자고. 과정에서 얻게 되는 배움과 변화들이 우리의 인생을 활력 있게 해준다고. 작은 루틴으로 작은 성공의 이어달리기를 같이 달려보자고. 혼자서는 중도 포기할 것 같으니 이왕이면 단체 달리기로 해보자고.

# 7. 루틴으로 새로운 꿈을 꾼다

- 유가인

　동대문 평화시장에서 속옷을 판매한 지 15년 차입니다. 전직은 군인입니다. 대학원 후배로 들어온 위탁생 성복 언니와의 인연으로, 한 번도 꿈꾸지 않았던 군인의 길을 가게 됐습니다. 불어불문학 전공을 살리고 싶었습니다. 안정적인 직업을 가지면서 제가 원하는 공부도 계속할 수 있다는 사실이 매력적이었습니다. 공군사관학교에서 3년간 생도들에게 불어를 가르쳤습니다. 제2 외국어과 전공이 없어지면서 교관 T.O.가 두 명에서 한 명으로 줄었습니다. 불어학과장이었던 장기 근무자가 있었기 때문에 제대하든지 특기를 전환해야 했습니다.
　어렵게 들어온 군인의 길을 이대로 접기 아쉬웠습니다. 교육행정 특기로 전환해서 항공과학고등학교 훈육관으로 3년 더 근무했습니다. 행정 특기가 적성과 맞지 않아서 근무 연장을 하지 않고 제대했습니다. 교육자의 길에 미련이 남아서 제2 전공이었던 영어로 교육대학원 진학을 준비했습니다. 6개월간 시험 준비했는데 열정과 끈기 부족으로 떨어졌습니다. 집에서 쉬고 있던 저를 그냥 두고 보지 못한 엄마가 회사로 나와 일하라고 했습니다. 엄마는 여성

속옷 전문 중소기업을 운영하고 있습니다. 가업을 이어 동대문 평화시장에서 2011년 11월 속옷 매장을 열었습니다.

   영업을 하기 싫었습니다. 매장 일에 흥미를 붙이지 못하고, 자꾸 다른 일에 기웃거렸습니다. 마음 치유, 명상, 멘털 관련 공부를 찾아다녔습니다. 일에 몰입하지 못하고, 시대적인 흐름도 따르지 못했습니다. 메르스와 코로나를 겪으면서 매장은 점점 어려워졌습니다. 네이버 스마트스토어를 잠깐 운영했습니다. 혼자 매장 일과 온라인 가게를 동시에 관리하는 일이 쉽지 않았습니다. 새로 배워야 할 온라인 마케팅 등 공부할 거리도 만만치 않았습니다. 둘 다 관리하려면 체력이 따라주지 않아서 온라인 가게는 그만두었습니다. 전직을 하고 10년 넘게 일해도 삶이 더 나아진다는 느낌을 받지 못했습니다. 지금 하는 일 외에 다른 대안도 없었습니다. 자기 계발 시장에 들어와 장사 수업을 듣고, 멘털 코칭도 배웠습니다. 배움에 많은 투자를 했지만, 그에 비해 얻는 성과는 미미했습니다.

   2019년 조성희 마인드스쿨에서 어땡 작가로 활동하다가 대표님 소개로 자이언트 북 컨설팅 이은대 작가를 알게 됐습니다. 2020년 1월 자이언트 책 쓰기 평생 강좌에 등록했습니다. 읽고 쓰는 삶에 관심을 두게 됐습니다. 지금 하는 일에 대한 자부심을 키우고 싶었습니다. 먼저 제가 하는 일에 대한 인식과 태도부터 바꿔야 했습니다. 이런 제 생각과 관점을 바꾸는 데 루틴이 중요한 역할을 했습니다. 매일 아침 5분 명상, 긍정 확언 외치기, 독서 노트, 필사, 독서 모임 등에 참여하면서 지금의 현실을 있는 그대로 받아들이고,

개선하기 위한 노력을 시작했습니다. 지금 있는 그대로의 나를 긍정해야 행복할 수 있다는 사실을 깨달았습니다. 제가 하는 일을 사랑한다고까지 말할 수는 없지만 제가 하는 일에서 의미와 가치를 찾으려고 노력했습니다. 가족, 친구 관계에서도 상대방 관점에서 생각해보게 되었습니다. 루틴은 삶을 주도적으로 살아가게 합니다. 일과 사람을 바라보는 태도를 변화시켰습니다. 또 새로운 길을 찾아갈 수 있다는 자신감을 심어주었습니다.

'나만의 시간'으로 아침을 채우면서 하루를 주도적으로 시작합니다. 눈 뜨자마자 누워서 스트레칭 동작을 합니다. 일어나서 아침 긍정 확언을 외칩니다. 이불 정리를 합니다. 요가 매트에 방석을 깔고 5분간 호흡 명상을 합니다. 기도 탁자 위에 정수 물을 담아 올립니다. 삼귀의와 오계를 독송합니다. 발원문을 읽습니다. 시간이 되면 금강경도 독송합니다. 감사한 일들에 대해 잠시 떠올립니다. 오늘 하루 의도를 세웁니다. 일과를 시작하기 전에 기도와 명상을 하면 마음이 평온해지고, 집중력이 높아집니다. 이른 아침 누구에게도 방해받지 않는 혼자만의 시간을 누립니다. 10분 이상 책을 읽고, 독서 노트를 작성합니다. 마음에 울림을 주는 문장을 필사합니다. 어제 있었던 일 중에 가장 기억에 남는 경험에 대해 일기를 씁니다. 그 일이 제게 준 의미와 가치에 대해 생각합니다. 출근 세 시간 전에는 일어나 순차적으로 루틴을 진행합니다. 루틴을 모두 수행하고 하루를 시작하면 작은 성취감을 느낍니다. 영업하는 사람에게 표정 관리는 생명입니다. 제 얼굴이 밝고 환해야 손님들도 매장에 들어옵니다. 기분이 좋으면 목소리에 힘이 실리고, 목소리 톤도 살짝 올라갑니다. 아침 루틴으로 채워진 자신감으로 손님들을 즐겁게 맞이할 수 있습니다.

저녁에 퇴근하고 집에 돌아오면 에너지가 방전됩니다. 책을 읽거나 공부를 하고 싶어도 피곤해서 집중이 거의 안 됩니다. 저녁 먹고 공부해야지 결심만 하고, 지키지 못해 실망하는 일이 많았습니다. 새벽 독서 모임에 참여하니까 기상 시간도 빨라지고, 집중력도 높아졌습니다. 평소 필요성을 느꼈지만 혼자서는 잘 보지 않게 되는 책들을 독서 모임 덕분에 읽을 수 있었습니다. 고전, 역사, 경제, 건강 등 다양한 주제를 다룹니다. 이렇게 환경 설정을 하니까 다방면의 책을 읽게 됩니다. 독서 멤버들과 책 이야기를 나누면 배움이 더 풍성해집니다. 그동안 미처 보지 못했던 새로운 관점에서 대상을 바라보게 됩니다. 상대방 입장에서 생각해보게 됩니다. 자기중심적인 말과 행동 때문에 가족 또는 가까운 사람에게 상처를 주는 일이 많았습니다. 독서 모임을 통해 사람마다 입장이 다르고, 생각도 다를 수 있다는 걸 알게 됐습니다. 감정적으로 반응하기 전에 상대 이야기를 경청합니다. 남자 친구와 처음 교제할 때 말다툼과 갈등이 잦았습니다. 독서 회원들과 책 읽고 토론하면서 상대방 관점에서 배려하는 마음을 배웠습니다. 독서 모임에 참여하니 혼자 읽을 때보다 생각이 깊어지고, 시야가 확장되는 경험을 하고 있습니다.

루틴은 주도적으로 살아가는 삶의 기쁨을 느끼게 합니다. 날마다 작은 성취감을 느끼며 자신감도 생겼습니다. 다양한 관점에서 생각해볼 수 있는 기회를 얻었습니다. '나만의 시간'이 주는 충만함도 느낍니다. '내가 하면 얼마나 하겠어?'라는 자조적인 생각은 '나도 한다면 하는 사람이야!'라는 단단한 신념으로 바뀌고 있습니다. 아침 습관은 생산성을 높이고, 건강한 인간관계를 형성하게 해줍니다. 미래에 대해 관심을 두고 준비하게 됩니다. 습관을 통해 인생의 방향이 점점 선명해집니다. 날마다 자신에 대해 알아가고, 성장하고 있다고 느낍니다. 루틴은 만족스러운 오늘, 기대되는 미래를 만드는 '나만의 의식'입니다. 오늘도 나를 위해 즐겁고 생산적인 하루를 선택합니다.

## 8. "목적지가 설정되었습니다"

- 이주민

화날 때마다 감사 일기에 쓴 문장을 떠올린다. 마음속으로 '이 정도면 감사하지'라고 말한다. 감사 일기 쓰는 시간은 5분이지만, 하루를 긍정적으로 지낼 수 있다.

일기를 쓸 때는 이루어지길 바라는 마음, 이루어졌을 때의 기분을 상상하며 쓴다. 처음엔 제발 이뤄지길 바라는 마음으로 썼다. 익숙해지니 일과 중 하나로 해치우듯 후다닥 썼다. 빨리 끝내려는 마음으로 쓰다 보니 글씨도 뭉개졌다. 2022년부터 감사 일기를 써 왔지만, 많은 소원 중 '와, 이게 이뤄졌네!' 하는 특별한 사건은 없었다. 원래도 이렇게 살 수 있는 건지, 감사 일기를 써서 이 정도 사는 건지는 모르겠다. 시작했고 익숙해지니까 일상이 되었다.

올해 1월, 『겐샤이』라는 책을 읽으면서 기도하고 싶었다. 종교가 없어서 기도할 일이 없다. 주문처럼 외우는 나만의 기도문이 있으면 좋겠다는 생각을 했다. 아이들이 올바른 길로 나아가며 행복하길 바라는 마음으로 기도하고 싶었다. 이제 다 큰 아이들은 내가 강요한다고 해서 듣지 않는다. 부모의 시선에서는 아쉽고 안타까운 부분이 많지만, 아이들은 내 말을 잔소리로 듣는다. 싸움이 나고 사이가 멀어지기도 했다. 서로 스트레스 받는 사춘기를 보내고 나니 '화목(和睦)'의 안정감이 좋았다.

감사 일기 쓰면서 아이들이 공부하지 않고 성적이 좋지 않아도 마음을 평온하게 유지할 수 있었다. 오늘 하루 감사하는 마음을 유지하려고 했기 때문이다. 또, 지금 성적이 끝이 아니고 전부가 아닌 걸 알기 때문이다. 감사 일기에 쓴 많은 소원이 이뤄지길 바라는 욕심으로 썼지만, 지금은 내 마음을 전하는 기도문이 되었다. 내 일이 잘되길 바라는 마음, 가족이 건강하길 기원하는 마음. 내가 추구하는 삶을 위한 기도문이다.

감사 일기장이 알라딘의 요술램프라도 되는 듯 많은 소원을 적었다. 그중에는 학원에 대기자가 줄을 설 정도로 잘되게 해달라는 내용이 있다. 페이지를 채우려고 썼다. 대기자가 많아서 내 마음대로 골라 받으면 좋겠다는 상상을 하면서. 일기를 쓰는 중에 '내가 대기자가 있을 정도로 괜찮은 선생인가?'라는 질문을 하게 되었다. 학생이 오고 싶고, 오래 다니고 싶은 학원이 되려면 어떻게 해야 하는지 생각하게 되었다. 부모님과 학생이 원하는 것을 생각하고, 내가 할 수 있는지 따져봤다. 학교 수업이 어려운 아이는 교과서 읽기를, 책 읽기가 어려운 학생은 이해를 도왔다. 독서 습관을 키우기 위해 밤마다 30분 온라인 독서 시간을 열었다. 돈 벌 욕심으로 쓴 문장이, 나를 그 문장에 가까운 사람이 되도록 했다.

최근 이루고 싶은 꿈이 생겼다. 작가가 되는 것이다. 독서 모임

책, 궁금해서 산 책, 논술 수업 책을 읽는다. 거기에 웹소설과 웹툰도 보다 보니 글을 쓰고 싶다는 욕망이 생겼다. 그런 생각에 글쓰기 온라인 강좌를 수강하고 첫 공저를 냈다. 많지 않지만, 인세도 받았다. 노후에는 인세 받는 삶을 살고 싶다. 루틴 유지하면 늙어서 인세 받는 삶, 가능하지 않을까? 지금도 글을 쓰고 있다. 웹소설 작가가 되기 위해 온라인 강좌를 듣고 있다. 강의 듣고 필사하면서 도전할 용기를 쌓는 중이다. 성공한 사람들이 하는 말이 있다. "일단 시작해라!" 아직 자신이 없어서 글을 못 쓰고 있지만, 하반기에는 시작하려고 계획 중이다.

감사 일기 마지막엔 로또 1등 당첨을 쓴다. 매일 이 글을 쓰면서 속으로 웃는다. '이건 왜 쓰는 걸까?' 그러나 감사 일기에서 로또 1등 빠지면 아쉽다. 로또 1등으로 인생 역전할지 어떻게 알겠는가. 그런데 나는 로또를 사본 적이 없었다. 로또를 사지 않으면서 1등을 바랐다. 누군가 사서 주지 않는 이상 나는 로또 1등 당첨될 가능성이 없는데도 매일 로또 1등 당첨을 빌었다. 로또 1등 당첨될지 모른다는 기대로 2023년 7월 한국에 가서 로또를 샀다. 3주 있는 동안 일주일에 한 번씩 샀는데, 5천 원씩만 당첨되었다. 시누이는 본전이 어디냐고 했지만, 1등 바란 나에겐 '꽝'이다.

가족과 함께 식당에 갔는데, 입구에서 베트남 로또를 판매했다. 순간 '여기서 되나 보다!' 싶어 바로 식구별로 한 장씩 샀다. 아들에게 당첨 확인하는 방법 알아두라고 하고 기다렸는데 역시나 '꽝'이었다. 지금은 로또를 사지 않지만, 여전히 감사 일기에 로또 1등 당첨을 쓴다. 3등, 2등이라도 당첨되면 소원이 이뤄졌다고 기뻐할 모습 상상만 해도 기분 좋기 때문이다. 아무래도 1등보다는 3등, 2등이 확률이 높으니 가능성이 있지 않겠는가. 감사 일기 마지막에 로또 1등 당첨을 쓰면서 그 돈 어디에 쓸지 미리 생각한다. 행복한 상상 자체로도 하루를 즐겁게 시작할 수 있다.

중학생에게 초등학교 6년 금방 지나가지 않냐고 물으면 시간 빠르다고 한다. 이제 갓 중학생이 된 아이들은 6년 후에 대학도 가고 군대도 갈 것이다. 아르바이트하며 사회에 첫발을 들일 것이다. 사회인이 되는 시간이 네가 초등학교 보낸 시간만큼 빠르게 온다고 말하면 조금은 진지해진다.

베트남에 온 지 어느덧 6년이 지났다. 긴 듯하지만 짧게도 느껴진다. 베트남에 3년 정도 산 느낌인데 말이다. 처음 베트남에 왔을 때, 베트남어 배우며 2025년을 위해 준비하는 시간을 가졌다면 어땠을까? 지금보다는 더 나은 삶일 거라는 확신은 있다. 바쁘다는 이유로 준비가 없었던 지난 시간이 아깝다. 후회해봤기 때문에 미래는 후회하지 않으려고 루틴 유지한다.

감사 일기를 쓰면 그냥 이루어지는 줄 알았다. 열심히 쓰다가 의무적으로 쓰게 되었다. 다른 일은 안 해도 감사 일기는 꼬박꼬박 썼다. 꿈이 컸나? 1년이 지나도 크게 달라지는 게 없었다. 어느 날 '쓴다고 되나?' 하는 의심이 들었다. 쓰는 의미가 없어 보였다. 노트에 적힌 글을 찬찬히 읽어보면서 '이것이 이뤄지려면 어떻게 해야 하지?'라는 생각이 들었다. A5 노트 꽉 채운 글 보면서 하늘의 운이 아니라 내가 이룰 수 있는 계획을 세웠다. 루틴을 시작한 나는 작년과 다르다. 책도 냈고, 글쓰기가 두렵지 않다. 가정도 편안해졌다. 내년은 더 좋아질 거라는 믿음이 있다.

지난 4년, 쉬는 날 없이 하루하루 바쁘게 살았지만 미래를 준비하지는 않았다. 루틴을 시작하면서 미래를 준비하고 편안한 마음을 유지할 수 있었다. 지금 힘들어도 미래를 생각하면 힘을 낼 수 있다. 긍정적인 생각은 행동하게 한다. 루틴으로 흔들리지 않는 하루를 잡아주니 작년과 지금이 달라졌다. 그 변화를 경험하니 목표는 뚜렷해진다. 내비게이션을 켜도 길을 잃을 수 있다. 걱정하지 말자. 어차피 목적지는 정해졌다. 시간문제다. 그 시간은 루틴으로 조절할 수 있다.

# 9. 나의 삶을 풍성하게 해주는 도구, 루틴

- 장혜빈

　무슨 일이 일어날지 모르기에 살면서 종종 불안합니다. 불안감 줄이기에 효과적인 방법 중 하나가 루틴이라 생각합니다. 루틴을 정하니 할 일들이 정리되고 변화 과정도 확인할 수 있어 안정감을 느낍니다. 주어진 시간을 원하는 목적에 따라 보내니 자책과 허무함을 줄일 수 있어요.

　오래 유지한 루틴은 다이어리 쓰기입니다. 수행한 루틴들을 하나씩 그을 때 신납니다. 만족감, 신뢰감도 듭니다. 다이어리를 쓴 것뿐인데 세상을 다 가진 기분입니다. 일상이 풍성해집니다. 작은 성공의 경험으로 인생을 채운다고 생각하니 성장한 모습이 그려져 입꼬리가 올라갑니다. 작은 성취에 행복합니다. 루틴을 해낼수록 기쁨이 솟습니다. 원하는 모습을 현실로 만들어간다는 확신도 듭니다. 1년의 기록을 담고 있는 다이어리나 필사 노트를 보면 자신감이 올라갑니다. 성취감으로 기분 전환도 됩니다.

　루틴을 하며 조금씩 변해가는 모습을 눈으로 확인할 수 있을 때, 내가 살아 있음을 느끼는 순간입니다. 타인과 비교하는 횟수가 적어집니다. 자존감이 떨어지는 경험도 줄어들고요. 나에게 집중하니 메타 인지도 높아집니다. 그 힘을 이용해 루틴을 하나씩 성취해가는 선순환이 반복됩니다. 맞는 옷을 입었을 때 태가 나듯, 적절한 루틴은 나를 멋지게 성장시켜줍니다. 만족감을 높여주는 방법 중 최고라 단언할 수 있네요. 만나본 도구 중 최고입니다.

자존감이 바닥까지 내려간 적이 있습니다.
회사에서 계약직으로 경리 일을 했어요. 계약 연장이 되지 않아 4년 근무의 마침표를 찍었습니다. 5시 기상해서 6시 반이면 출근했어요. 주말까지 반납하며 일했습니다. 회사에서 보내는 시간이 많았습니다. 결과에 배신감을 느꼈습니다.
다시 생각해보니 잘못했다는 생각이 듭니다.
첫째, 나를 위한 시간이 적었습니다. 일과 삶의 균형이 맞지 않았습니다. 일하는 시간에 비해 휴식 시간이 부족했네요. 일만큼 내 시간도 중요한데 이 부분을 놓치고 살았습니다.
둘째, '답정너'였습니다. 회사의 선택권을 인정하지 않았어요. 어떤 결과가 나와도 회사 선택입니다. 연장될 것이라는 답을 스스로 내렸나 봅니다. 기대감이 실망감으로 바뀌었네요.
이 사건을 계기로 삶의 균형이 중요하다는 걸 알았습니다. 루틴을 할 때 적절한 균형을 찾기 위해 신경 씁니다. 루틴을 꾸준히 하기, 성장하기 두 가지를 이루기 위해 나와 루틴을 함께 챙깁니다. 루틴 설정 후 실행하는 과정에서 중간 점검을 합니다. 꾸준히 하고 있다면 중간 보상으로 나에게 선물합니다. 노력에 대한 보상으로 만족감을 느낍니다. 당시에는 속상했지만 살아갈 힘을 준 값진 경험입니다. 실행과 수정을 반복하니 루틴의 기준이 나오더군요. 시행착오를 겪으며 다듬어지는 모습을 느낄 수 있어 자긍심이 올라갑니다. 미래가 아닌 현재에 집중하니 안정감도 느낍니다. 루틴을 만들며 자아상도 긍정적으로 변해갑니다. 자존감도 루틴도 내가 만듭니다. 집중하고 행동하고 수정하고, 삼박자를 통해 성장합니다.

루틴을 하며 문득 '나는 무엇을 할 때 행복한가?'라는 질문이 떠올랐어요. 건강을 위해 운동하고, 성장을 위해 독서할 때. 소소한 루틴들을 행하며 온전히 나를 위한 시간을 보낼 때 행복합니다.

아이를 출산하고 얼마 안 되고 혀에 종양이 생겨 수술했습니다. 2주 동안 입원했어요. 혀 일부를 절제해서 10일 동안 식사를 할 수 없었어요. 코에 줄을 삽입했습니다. 밥줄이었습니다. 끼니마다 단백질 음료를 먹으며 병실에 누워 생활했습니다. 여행 가고 맛집 가는 평범한 일상이 특별해지더군요. 일상의 소중함을 느꼈습니다. 익숙함을 당연하다고 생각했어요.

반복되는 일상이 감사하고 행복하다는 사실을 잊고 사는 경우가 많습니다. 어떤 계기로 다른 생활을 하게 되면 잃어버렸던 기억들이 살아나죠. 현재에 감사하고 할 수 있는 것을 하면 행복합니다. 여러분은 무엇을 할 때 행복한가요? 스스로에게 질문하고 루틴으로 삶의 밸런스를 찾길 바랍니다.

육아와 집안일을 하다 보니 원하는 일을 하지 못하는 상황이 있습니다. 우선순위를 정해 루틴을 실행해야겠다는 생각이 들었어요. 하고 싶은 일 3가지를 정했습니다. 그림, 독서, 운동. 그림은 오후 시간대에, 독서는 일어나서, 운동은 아침 식사 후 30분 이상 하기로 루틴을 설정했어요. 그 외 시간에는 육아와 집안일을 합니다.

시간과 순서를 고려해 루틴을 정합니다. 정해진 시간 안에 설정한 루틴을 행할 수 있습니다. 루틴을 하며 시간과 우선순위를 관리할 수 있는 일석삼조의 효과를 낼 수 있습니다. 일상을 정리정돈하는 효과도 느낄 수 있죠. 삶의 안정감이 올라갑니다. 원하는 것을 하나씩 해나가는 즐거움이 일상을 관리하는 힘의 원천입니다. 도전할 수 있는 용기도 얻고요.

사람들은 변화를 싫어한다고 하죠? 변화에 따른 두려움을 피하고 싶다는 표현이 더 적절하다는 생각이 듭니다. 루틴은 변화와 깊은 관계가 있어요. 루틴을 하면서 조금씩 변화하는 모습을 볼 수 있습니다. 변화를 위해 새로운 도전을 하죠. 반복을 통해 안정감을 주는 루틴. 인생의 변화가 필요할 때 쉽게 시작할 수 있고 효과 보장도 확실하다 생각합니다. 루틴과 함께 변화하는 모습과 인생을 많은 분이 느끼면 좋겠습니다.

# 10. 처음부터 없었던 것처럼 가볍습니다

- 조하나

"조 선생님, 부오날 뭐해요?"
"네? 부엉이요?"
머리털 나고 처음 듣는 말이다. 되묻는 내 말에 연신 키득거리던 선생님은 부처님 오신 날의 줄임말이라 했다. 그러고선 MZ면서 MZ 용어를 모르냐고 덧붙였다. 당황스러웠다. 여섯 글자를 세 글자로 줄이는 게 무슨 의미가 있나. 도통 이해가 되지 않았다. 더욱 황당했던 이유는 나에게 MZ 용어를 알려준 선생님의 나이가 쉰이었다. 하고 싶은 말은 많았지만, 대답을 아꼈다. 탁상 달력을 보니 정말로 다음 주가 부처님 오신 날이었다. 나만 기다리고 있는 쉰 선생님의 눈빛에 어쩔 수 없이 입을 열었다. "선생님은 어디 가세요?" 질문이 끝나기도 전에 쉰 선생님은 침을 튀기며 이야기를 시작했다. 역시나 기다렸다는 듯 엄청난 자랑을 쏟아냈다. 몸을 배배 꼬며 중간중간 내 팔을 치고 흔들며 난리 블루스다. 팔이 아파왔지만 돌아보지 않았다. 눈까지 마주치면 이 사담은 끝나지 않을 테니까. 기계적으로 "우와, 정말요?" 몇 번으로 오늘 수다의 할당량을 채웠다. 직장 동료가 나의 휴일 일정을 물어본다는 것은 자기 자랑을 위한 마중물이라는 것을 이미 알고 있기 때문이다.

사회 초년생 때는 직장 동료의 사적인 이야기를 경청했었다. 얼마나 힘들면 친구도 아닌 직장 동료에게 개인적인 고민을 말할까 진지하게 고민했다. 하지만 시간이 지나고 알게 되었다. 그게 그들의 스몰 토크이자 자랑이라는 것을. 이제는 한 귀로 듣고 한 귀로 흘려버린다.

인터넷 어딘가의 글에서 봤었다. 우리나라에 가장 많은 종교는 불교를 빙자한 무교라고. 딱 나다. 불자가 아니지만, 절을 가도 불편함이 없다. 왜냐하면 연초, 연말, 부처님 오신 날, 이사 같은 특별한 일이 있을 때 절을 찾는 부모님이 계시기 때문이다.

처음 방문했던 절은 할머니와 함께였다. 절이 뭘 하는 곳인지도 모르는 초등학생 시절이었다. 두툼하고 폭신한 방석 위로 무릎을 꿇었고 단정한 외관과는 다르게 알록달록 화려한 그림이 가득한 절 내부를 이리저리 둘러보느라 멀뚱히 있었던 기억이 어렴풋이 난다. 어린 시절의 기억은 삶의 전반에 은은하게 뿌리내리나 보다. 아직도 절 특유의 냄새는 편안한 감정을 불러일으킨다.

딴생각도 잠시, MZ 용어를 핑계 삼아 한 시간 동안이나 자랑을 늘어놓는 동료에게 질려버렸다. 마음에도 없는 말과 적당히 하는 의미 없는 호응을 사회생활이라는 그럴듯한 말로 포장했었다. 지친 마음을 돌볼 기회가 절실히 필요했다. 퇴근하자마자 어머니에게 전화를 걸었다. 온종일 머릿속을 맴돌았던 한마디를 건넸다.

"오 여사님, 부오날 어디 가십니까?"

"뭐? 붕어?"

역시 유전자는 속일 수 없었다. 너무나 비슷한 반응에 웃음이 삐져나왔다. 하지만 더 웃었다간 목적도 전하지 못한 채 전화가 끊기고 말 것이다.

부처님 오신 날마다 청화사를 찾는 부모님과 처음으로 동행하기로 했다. 굽이굽이 차 한 대가 겨우 지나가는 낭떠러지 오솔길은 조수석에 탔음에도 구역질이 날 뻔했다. 경건한 마음으로 걸어 올라가야 한다고 하던 어머니의 말을 듣지 않았다. 못 간다고 으름장을 놨기에 불평불만은 속으로 감춰야만 했다. 좁은 길에서 내려오는 차를 만날까 안전띠를 양손으로 꽉 붙잡았다. 혼자만의 싸움이었다. 도저히 끝나지 않을 것만 같았던 길 끝에 분홍빛 연등이 보이기 시작했다. '끼익' 소리를 내며 멈춘 차에서 후들거리는 다리를 감추기 위해 한참 앉아 있었다. 처음 가는 절이었지만 신기하게도 익숙한 느낌이 났다. 그때, 잔잔하게 들리는 염불 소리가 작은 사찰을 가득 채웠다. 바람에 흔들리는 연등, 주변을 둘러싼 꽃나무와 피톤치드 향이 시각과 후각을 자극하기 시작했다. 새해 건강과 안녕을 바라는 스님의 외침 끝에 우리 가족의 이름도 들렸다. '칵테일 파티 효과'라고 하던가. 웅성거리는 소리 속에서도 똑똑히 들렸다.

의아함에 어머니 쪽을 보니 이미 두 손을 합장하고 절을 하고 있다. 궁금한 마음은 뒤로 넘기고 부모님 옆에서 함께 절을 했다. 두 눈을 질끈 감으니 후각과 청각이 더욱 예민해졌다. 낮게 읊조리는 염불 소리와 향냄새만이 마음을 채웠다. 세 번의 절을 한 후 노란 장판이 깔린 밖으로 나왔다. 양반다리를 하고 앉자마자 대접을 채운 나물과 뽀얀 보리밥이 담긴 비빔밥이 내 앞에 놓였다. 빨간 고추장으로 쓱쓱 비벼 입안이 미어터지게 집어넣고 우걱우걱 씹었다. 서늘한 바람 탓인지 콧물이 났다. 흔들리는 연등과 사람들의 이름이 적힌 종이를 보고 있으니 슬그머니 편안함이 내려왔다. 왔다 갔다 음식 나르는 걸 도우던 어머니는 훌쩍이는 날 보더니 뜨끈한 미역국을 내 양반다리 끝에 내려놓았다. 숟가락은 사치였다. 미역국을 그릇채 들고 마셨다. 역시나 소고기 미역국은 아니었다. 실망했지만 동시에 속이 뜨끈해졌다. 오감에 평안함이 충만해졌다. 치열했던 사회생활과 피로로 뭉쳐진 인간관계의 걱정과 고민이 산들바람에 흐드러졌다. 마치 처음부터 없던 것처럼 가벼워졌다.

돌아온 일상은 여전히 시끄럽고 괴로웠다. 일하게 되면 만나게 되는 사람들의 시기와 질투, 과도한 정보와 불필요한 소음들, 쌓여 있는 일들은 피로로 다가왔다. 그리워졌다. 모든 자극이 차단된 집으로 가야 한다. 현관문을 열자마자 조용했다. 우리 집에는 TV가 없다. 소위 말해 절간이다. 스르륵 발 끄는 소리, 흔들의자의 끼익거리는 소리, 이불의 바스락 소리만이 울려 퍼진다. 소음은 내 움직임에서만 나타난다.

냉장고를 열어 늘 마시던 음료 캔을 땄다. 한번 꽂히면 몇 달은 한 종류만 마셨다. 최근에는 식이섬유 제로 음료에 빠져 박스 단위로 구매했다. 새로운 음식을 경험하는 것도 내게는 예측 불가의 자극이다. 익숙한 것은 에너지 소모를 줄일 수 있다. 차가운 음료와 흔들의자, 소리 없이 흐르는 벽시계의 초침. 하루 중 가장 편안한 시간이다. 미각과 촉각, 시각과 청각이 편안하다. 이제 남은 건 후각이다. HEM 인센스 상자를 열어 하나씩 향을 맡았다. 특히나 힘들었던 날은 어김없이 '레인 포레스트'로 골랐다. 성냥으로 불을 붙이고 태양처럼 붉은 불꽃을 끄고 나면 하늘을 승천하는 용처럼 연기가 피어오른다. 15분이면 충분하다. 금세 집 안은 편안투성이로 바뀐다. 고민과 걱정이 연기처럼 날아갔다. 다 타고 남은 잔향은 마지막 남아 있던 괴로움 찌꺼기까지 흩날려버렸다.

현대사회에서 하루를 살아내기란 여간 어려운 일이 아니다. 내일을 미리 살아본 사람은 없다. 나 또한 마찬가지다. 그럼에도 하루를 담아낸다. 그럴 때마다 찾는 안정이 내게는 있다. 부오날 찾은 나의 안정 루틴, 그것이 오늘이 될 내일을 또 살아내게 할 것이다.

· 제4장 ·

# 내 삶의 주인으로

## 1. 700일 루틴 비결

- 가람

    2025년 5월 말경인 지금, 루틴을 실천한 날이 700일을 넘어 800일에 가까워지고 있다. 다시 시작한 루틴은 이제 나의 삶이 되었다. 습관 밴드와 블로그, 양육 모임 카톡방에서 매일 하는 루틴은 아홉 가지이다. 나의 하루는 루틴으로 시작된다. 아침에 일어나자마자 물을 끓인다. 따뜻한 물을 마시며 성경과 영어 회화 암송을 한다. 새벽기도를 한다. 성경을 한 장 읽고 기도문과 어제 하루 감사 일기를 쓴다. 모두 합쳐 다섯 줄 쓰던 것을 이제는 스무 줄 넘게 쓰고 있다. 블로그에 묵상과 감사 일기, 성경 암송한 내용을 포스팅한다.

    아이들을 어린이집과 학교로 보낸 후에는 정리 챌린지를 한다. 책을 읽고 단상을 블로그에 포스팅하고 글쓰기 챌린지 방에도 인증한다. 아이들 양육 모임 인증 내용은 매달 달라진다. 이번 달 내가 정한 목표는 칭찬하기와 잘 먹이기이다. 둘째를 하원시키면서 놀이터에서 놀리고 나면 8천보 걷기 루틴을 달성한다. 자기 전에 복근 운동을 한 뒤 체지방 수치를 재고 밴드에 인증 글을 쓰면 나의 하루는 끝난다.

어떻게 루틴을 700일 넘게 지속할 수 있었을까. 크게 세 가지 비결이 있다.

첫 번째, 주도적으로 시간을 관리한다. 주도적 시간 관리도 세 가지로 나눠볼 수 있다. 우선, 하기 어렵지만 중요한 루틴을 먼저 한다. 내가 하는 루틴 중에 가장 하기 힘든 루틴은 암송이다. 암송을 한다고 당장 드라마틱한 변화가 있는 게 아니다. 바쁘게 하루를 보내는 중에는 차분히 앉아서 암송하기가 어렵다. 실제 그렇게 하면 시간이 한도 끝도 없이 걸린다. 새벽에 일어나자마자 하면 1시간 할 것을 30분 안에 끝낼 수 있다. 조용한 밤에도 할 수 있지 않느냐고 물을 수 있겠다. 밤에는 피곤하기도 하고 둘째가 같이 자자고 보챈다. 그냥 맘 편히 둘째를 재우면서 같이 자고 새벽에 일어나 쭉 하는 것이 나에게도 둘째에게도 좋은 선택이다. 『좋은 사람 되려다 쉬운 사람 되지 마라』에서 소개한 AI 글로벌 기업 엔비디아의 젠슨 황은 "나는 매일 똑같은 방식으로 아침을 보낸다. 가장 우선순위가 높은 업무를 먼저 처리하는 것으로 하루를 시작한다. 출근하기도 전에 이미 하루가 성공적이라고 생각한다. 가장 중요한 업무를 이미 끝냈기 때문에 다른 사람들을 돕는 데 하루를 보낼 수 있다"라고 말했다. 즉, 중요한 루틴을 먼저 하고 나서 오늘도 성공했다고 이야기하고 있다.

그리고 매일 지속한다. 한번 멈추면 다시 시작하기 어렵다. 특히 암송은 하루 빠지면 생각이 나지 않아서 다시 하는 날은 시간이 배로 걸린다. 자녀 양육 인증을 주 3회 하던 적이 있었다. 언제 할지 고민하다가 주말쯤에 인증한다고 야단이었다. 매일 하면 할지 말지 고민하는 에너지를 원천 차단할 수 있다. 무엇이든 날마다 하면 쉽다.

마지막으로 하루를 빠지면 다음 날은 무슨 일이 있어도 루틴을 한다. 그래야 포기하지 않는다. 정리 챌린지도, 운동도 이틀 연속 못 하면 그게 일주일이 되고 한 달이 되었다. 한 3개월 푹 쉬고 나서 다시 하려니 여간 힘든 게 아니었다. 아파서 하루 빠진다면 내일은 꼭 해야 한다.

두 번째, 함께 한다. 정리 챌린지를 다양한 형태로 해봤다. 블로그에 올리기도 하고 인증 톡방에 들어가기도 하고 그냥 나 홀로 밴드에서도 시도해봤다. 돌아보니 나 홀로 밴드에서는 2주일을 넘기지 못했다. 가장 오래 지속하고 있는 것은 현재 하고 있는 습관 밴드 인증이다. 루틴이 어렵고 귀찮을수록 더욱 사람들과 함께 해야 한다.

현재 여덟 달째 이어가고 있는 글쓰기 챌린지도 함께 하니 포기하지 않고 할 수 있었다. 특히 지난 2월은 전자책을 쓰느라 챌린지를 계속하기 힘들었다. 그러나 함께 하는 글벗들이 블로그에 댓글을 달아주니 힘내서 포기하지 않고 완주하게 되었다. 정말 내가 안 하게 된다 싶으면 함께 보증금을 걸고 하는 것도 방법이다. 양육 모임에서도 이러한 형태로 한 적이 있다. 보증금 1만 원을 내고 양육 목표를 완수하면 아이에게 기프티콘으로 환급했다. 그러니 피곤한 날에도 꼭 하게 되었다.

세 번째, 기록한다. 전 직장 퇴사 이후 성경 암송의 중요성을 깊이 느껴 3년 동안 900구절을 암송했다. 그러다 사정상 잠시 중단했는데 다시 시작하려니 자꾸 미뤄졌다. 내가 생각한 방법은 기록하기였다. 블로그에 녹음한 암송 파일을 포스팅하니 빼먹지 않고 매일 하고 있다.

또한 인증을 자세하게 기록할수록 루틴을 지속할 가능성이 높아진다. 처음엔 정리 챌린지를 'O'나 'X'로만 표시해서 습관 밴드에 올렸다. 어느샌가 적당히 타협해서 일상적인 집 안 청소를 정리 챌린지의 일환으로 인증했다. 어제 정리했던 곳을 오늘도 치우며 매일 같은 곳만 정돈하는 나를 발견했다. 그 후 'before'와 'after'를 사진으로 찍어 같이 올렸다. 창피하지만 이렇게 인증해야 진짜 한다. 정리 전과 후의 사진을 함께 하는 이에게 보여주는 행위가 정리 챌린지에서는 가장 효과적이었다. 부끄러움은 한순간이지만 말끔히 정리된 공간에서 누리는 행복감은 오래간다.

루틴을 할 때 주의해야 할 사항도 있다. 루틴 자체를 실행하는 것이 목적이 아님을 기억해야 한다. 내 삶의 주된 목적은 나도 건강하고 타인도 이롭게 하는 것이다. 루틴을 하겠다는 강박으로 가족 간의 분위기가 험악해지지 않도록 유의해야 한다. 나의 경우 잠을 줄이면서 루틴을 하면 꼭 부부 싸움을 하거나 아이들과 관계가 틀어지는 사달이 났다. 세 달 전 대만 여행에서의 일이다. 여행 초반에 여행을 준비하느라 몸이 힘드니 아이들 싸움을 중재할 여력이 없었다. 쉽게 해결하려고 "조용히 해! 싸우지 마!" 하고 소리만

질렀다. 여행 중반에는 잠을 줄이면서 루틴을 했다. 거기에 기도팀 훈련인 독서 감상문 과제를 매일 제출했다. 신경이 날카로워져서 오히려 내가 아이들에게 화낼 때가 많았다. 그게 티가 났나 보다. 목사님이 여행에 집중하라 했다. 그 후 새벽기도 대신 차 안에서 기도하고, 글쓰기도 조금 여유 있게 했다. 잘 자고 잘 먹으면서 루틴을 지켰다. 삶이 한결 편안해졌다. 루틴은 성취를 지향한다. 그러나 그것도 결국 건강한 삶을 살아가기 위해서다. 조화와 균형이 중요하다. '내 시간을 확보하려고 잠을 줄이기보다 막간을 활용하는 게 낫겠네.' 이번 여행에서 뜻하지 않게 또 배웠다. 루틴이 그 자체로 목적이 되어 나를 옭아매지 않도록 주의해야 한다.

또한 루틴의 우선순위를 정하는 것이 중요하다. 나의 경우 블로그에 글을 올리려고 핸드폰을 만지다가 유튜브로 빠지거나 SNS의 바다에서 허우적대기 일쑤였다. 다른 루틴은 뒷전인 채로 말이다. 그래서 모든 루틴을 다 한 후에 블로그 글 올리는 루틴을 제일 나중에 한다. 블로그 포스팅 후 맘 편히 SNS를 확인한다.

루틴을 실천하며 꿈을 이루어가고 있다. 2020년 처음 루틴을 정할 때 꿈 관리로 책 읽기를, 정서 관리로 일기 쓰기를 설정했다. 5년이 지난 지금 나는 전자책을 냈고, 공저 출간도 준비 중이다. 더불어 연구소도 개소했다.

2020년에 작가가 되겠다고, 연구소를 열겠다고 생각해서 루틴을 정한 것은 아니었다. 그러나 막연히 그러왔던 꿈으로 루틴이 나를 인도했다. 루틴을 통해 타인에 의해서가 아니라 내가 배워가고 싶은 내 삶의 우선순위를 정하는 자기 주도적인 삶을 살게 되었다. 루틴을 하면서 나는 중심을 잡아갔다. 더 나아가 우리 가족도 살리고, 책 발간으로 다른 사람도 돕고 있다. 이 책을 읽다가 루틴의 매력에 스며들었다면 지금이다. 이젠 루틴의 세계로 빠질 타이밍.

## 2. 다시 나를 재정비하는 시간

- 강명경

　무언가를 꾸준히 하는 것은 어렵습니다. 새로운 다짐을 하고 변화를 결심하는 순간에는 마치 모든 것이 달라질 것 같은 기분이 듭니다. 미루던 운동을 시작하면 며칠 뒤엔 피곤해서 쉬게 되었고요. 책을 읽겠다고 다짐했지만 하루를 바쁘게 보내고 나면 그냥 내일 하자는 핑계가 가장 먼저 떠올랐습니다. 퇴근하자마자 바로 오프라인 되는 상태로 돌입했죠. 피곤해서 늦잠을 자고 하루의 루틴이 무너지면 꾸준하지 못한 행동이 후회스러웠습니다. 하루쯤 빠질 수도 있지만 실패했다는 생각 때문에 자신과의 약속도 못 지키는 사람이 된 것 같았어요. 머릿속으로는 늘 해야 한다는 걸 알면서도 막상 꾸준히 하는 것이 어려운 이유는 뭘까 고민에 빠집니다. 어쩌면 의지가 약해서라기보다는, 지속 가능한 저만의 방법을 아직 찾지 못했기 때문인 것 같습니다.

　지친 몸으로 침대에 누워 있다가 커튼 너머로 희미하게 번지는 불빛을 바라보며 생각합니다. '모든 계획을 완벽하게 지켜야만 하는 걸까?', '내가 하루를 망쳤다고 느꼈지만 잠들기 전 창밖을 바라보는 이 시간, 좋은데…?' 루틴을 조금 다르게 바라봅니다. 반드시 해야 할 것이 아닌, 지금 필요한 것이 무엇일까 고민해봅니다. 답은 의외로 가까운 곳에 있었어요. 해야 할 걸 지키지 못했다고 해서 다시 무기력해질 필요는 없었죠. 단점이라고 여겼던 '느긋함'은 서두르지 않아도 괜찮고, 남들보단 조금 늦어도 제게 맞으면 되는 저만의 속도거든요. 천천히 가더라도 그 길은 결국 꽃이 필 테니까요.

"잠시 멈춘 것뿐이야. 다시 시작할 수 있어."

관점이 바뀌자, 루틴은 저를 채근하는 부담스러운 도구가 아닌 돌봄이 되어갑니다. 정해진 시간에 무엇을 해야 한다는 압박에서 벗어나자, '저를 위한 선택'으로 변해갑니다. 반복되어 울리는 알람을 끄고 늦잠을 잔 날입니다. 실망스러운 하루로 시작한 그날 저녁, 평소처럼 샤워를 마치고 머리를 말립니다. 거울 속에 비친 저를 바라보니 유난히 지쳐 보이네요. '오늘 하루, 열심히 살아낸다고 고생 많았지.' 스스로에게 위로를 건넵니다. 누군가에게 보여주기 위한 행동이 아니라 저를 돌봐주는 시간입니다.

한때는 운동을 루틴으로 삼고 싶어 3주 동안 매일 5㎞씩 달렸습니다. 처음에는 무리하더라도 반복하다 보니 조금씩 기록이 달라지는 맛에 성취감도 있었고, 몸도 가벼워져 싱글벙글이었죠. 하지만 무릎과 발에 통증이 생기면서 원치 않게 운동을 멈췄어요. 예전 같았으면 '평소에 운동 좀 할걸. 이럴 줄 알았어'라고 자책했을 텐데, 이번엔 아니었습니다. 다음 날엔 운동화를 신고 뛰지 않고 스트레칭만 했어요. 바닥에 앉아 다리를 쭉 뻗고 숨을 깊이 들이 마실 때 신기하게도 마음이 놓였습니다. 앞만 보고 달려가다가 잠시 멈춘 듯했지만 조급한 마음이 들진 않았어요. 그건 분명히 다시 선택한 행동입니다.

좀처럼 마음먹은 대로 안 되는 날, 다시 시도했던 경험이 떠오릅니다. 때로는 하루 10분이라도 책상 위를 정리하거나, 캘린더를 넘겨보며 시간을 확인하는 것처럼 지극히 사소한 행동일 수도 있어요. 손끝에 닿은 먼지를 털어내기, 펜을 가지런히 놓는 단순한 동작도 있죠. 작은 행동이지만 오늘을 잘 살아보고 싶다는 마음이 담겨 있습니다. 그렇게 루틴은 저를 돌보는 방식이라는 인식이 선명해집니다. 무거운 부담감이 얹힌 후회와 자책의 마음으로 끌려가는 것이 아니라, 직접 함께 걸어가는 삶의 발자국이 되어갑니다.

저는 더욱 단단해져갑니다. 어떤 날은 버스를 놓치고, 업무가 밀리고, 갑작스러운 말에 감정이 올라오는 날도 있어요. 예전 같았으면 그날 하루는 엉망이 되었을 테지만, 이제는 그런 날에도 저를 붙잡아주는 순간들이 있습니다. 아침에 커튼 사이로 스며드는 햇살이 바닥을 타고 들어옵니다. 조용한 거실이 빛으로 채워지는 짧은 찰나를 발견합니다. 그 장면은 매일 같지만, 조금씩 다르게 다가옵니다. 두 팔을 위로 올려 쭈욱 기지개를 켭니다. 창 밖 하늘의 색, 바람 따라 흔들리는 나뭇잎을 보며 날씨를 확인합니다. 가만히 보고 있으니 새소리도 들립니다. 고개를 옆으로 돌리니 실외기 위로 날아와 앉아 있는 두 마리의 새가 서로 지저귑니다. 그 모습을 보고 있으니 왠지 좋은 소식을 가져온 것 같아요. 걸음을 옮겨 부엌으로 갑니다. 커피포트에 물을 끓이고 차를 우려냅니다. 컵을 들고 햇살이 드는 창가 앞에 잠시 앉습니다. 차를 한 잔 따라 마시면서 마음을 가라앉히는 시간을 만들 수 있어요. 손에 쥔 머그컵의 온기가 손끝에 스며들면, 복잡했던 마음이 조금씩 정돈되기도 하거든요. 열린 창문을 통해 솔솔 들어오는 바람을 느껴봅니다. 단순한 습관인 줄 알았는데 이제는 저를 깨우는 의식 같은 시간입니다.

아침 루틴은 소소하게 시작하고, 저녁에는 무리하지 않는 정도로 뛰며, 자기 전에는 끄적거리면서 하루를 잘 마무리합니다. 그러면 다음 날 하루 시작이 좋습니다. 루틴이 일상에 스며들어 있어서 미처 몰랐습니다. 단순하지만 지속해온 습관이었다는 것을 알고 나니 기분 좋은 하루로 시작합니다. 하루 시작의 변화는 매 순간 필요한 선택과 집중에도 도움이 됩니다. 하루가 아침부터 저녁까지 꽉 찬 것 같습니다. 저도 저만의 속도에 맞춰 아침과 저녁 루틴 속에서 살고 있었습니다.

루틴이 완벽하게 지켜지지 못할 때도 있습니다. 바쁜 일정에 피로가 쌓이면 아침을 건너뛰고 끼니를 때우거나, 가방 속의 책을 한 번도 꺼내지 못한 날, 운동장 트랙을 뛰지 못한 채 일주일이 흘러가는 날도 있습니다. 매번 실패의 반복이라고 여기던 습관에서 벗어나 달라졌습니다. 이제 루틴은 반드시 꼭, 완벽하게 해내야 하는 일이라고 생각하지 않습니다. 살다 보면 바빠질 때도 있고, 감정이 흔들릴 때도, 마음처럼 일이 잘 풀리지 않는 날도, 생계를 살아내느라 고단한 날도 많습니다. 한동안 루틴을 잊어버릴 때도 있고요. 그러다가도 결국 다시 돌아옵니다. 루틴의 삶은 언제든지 원하면 돌아갈 수 있는 안전한 공간이 되어준다는 걸 알았으니까요.

다시 시작하기 위해서는 거창한 결심이 필요한 게 아닙니다. 하루를 시작하면서 맞이하는 작은 변화들이 제게 어떤 영향을 미치는지 몸으로도 느껴집니다. 그저 언제나처럼 아침에 커튼을 열고, 기지개를 켜며 물 한 잔을 마시면서요. 그렇게 오늘의 하루도 반갑게 맞이합니다. 외출 전 가방에 책을 넣고 운동화도 챙깁니다. 오늘의 햇빛은 쨍쨍하거든요.

## 3. 내 삶의 주인공은 나야 나!

- 김정현

　긍정적인 삶에 영향을 준 루틴을 꾸준히 하기 위해 가장 중요한 요소는 무엇일까? 세상에 할 수 있는 루틴은 많다. '건강한 삶을 위한 루틴', '업무적 성과를 얻기 위한 루틴', '좋은 관계를 맺기 위한 루틴', '더 발전하기 위한 루틴' 등 다양한 목적을 향한 루틴이 있다.

　많은 루틴이 멈춰지거나 실패할 땐 왜 그런지 의문이 든다. 목표가 컸을까? 유혹을 이기지 못해 멈춰졌을 때 그 계기로 영원히 포기하진 않았을까? 루틴을 꾸준히 하기 위한 노하우에는 두 가지가 있다.

　첫째, 루틴은 작게 시작해야 한다.
　난 외동딸로 엄마와 어릴 때부터 각별했다. 때론 친구같이, 때론 연인같이 엄마와 가깝게 지냈다. 결혼 후 엄마는 내 거주지 근처로 이사하여 육아와 살림을 도와주셨다. 누구의 아내, 누구의 엄마, 누구의 딸을 떠나 '김정현'이라는 사람으로 살 수 있던 건 친정엄마의 지원이 있었기 때문이다. 엄마에게 고마운 마음과 미안한 마음이 공존했다. 단란한 우리 가정이 살아가는 모습을 보며 행복하다고 이야기하시지만, 오직 딸을 위해 희생해준 엄마가 가끔은 외롭고 힘들어 보였다. 엄마랑 많은 시간을 함께하고 싶었다. 하지만 직장에서는 선생님, 가정에서는 누군가의 아내, 엄마로 살아가고 있기에 생각만큼 쉽지 않았다.

월 1~2회는 온전히 엄마와의 시간을 가져보려 나만의 루틴을 세웠다. 처음 생각할 때는 그 정도는 가능해 보였다. 현실은 주말에 교회 모임, 근무, 교육, 아이 엄마 모임, 경조사 등 많은 일정으로 어려울 때가 많았다. 그럴 때마다 엄마에게 미안한 마음이 들었고, 좋은 딸이 되지 못하는 것 같아 슬펐다. 어느 순간 엄마가 나에게 바라는 건 힘들어하는 마음이 아닐 거란 생각이 들었다. 엄마에게 내 마음을 표현할 수 있는 작은 루틴을 만들 수 있을까 생각해보았다.

그때부터 지키는 나의 작은 루틴은 두 가지다. 먼저 근무할 때 휴게 시간에 전화 한 통 하기다.

"엄마, 병원 잘 다녀왔어?"

"엄마, 점심은 드셨어?"

"엄마, 감기는 좀 어때? 괜찮아?"

2~3분의 짧은 통화지만, 엄마와 나만의 시간이다. 엄마의 건강도 스케줄도 체크할 수 있다. 엄마와 나의 개인적인 고민도 나눌 수 있다. 이 시간이 엄마와의 소중한 루틴이 되었다.

다음은 엄마와 주말에 함께 장보기이다. 워킹맘이라 주말에 장을 본다. 근처에 사는 엄마와 같이 장을 보면서 이런저런 이야기도 나눈다. 장을 본 재료로 요리해서 함께 식사하기도 한다. 작은 루틴을 통해 엄마와 시간이 쌓여간다. 작은 시간이 쌓여 엄마와 나의 관계는 끈끈해지게 된다. 루틴에 사랑이 들어간다. 월 1회 엄마와의 데이트 루틴도 다시 도전한다. 작은 루틴들이 쌓이면 자신감이 생긴다. 실패했던 루틴도 다시 시작할 수 있다.

둘째, 루틴은 유연성을 유지하여 끝까지 해야 한다.
'작심삼일'이라는 사자성어는 많이 쓰인다. 나 또한 '작심삼일'로 끝났던 일들이 많았다.
목표를 잡고 루틴을 계획하여 시작한다. 처음에 하루, 이틀은 굳은 다짐과 함께 성공한다. 시간이 지날수록 여러 이유로 실패를 경험하게 된다. 처음에 다짐했던 마음들이 조금씩 흔들린다. 실패했으니 그냥 포기하고 다시 다음에 시작을 해볼까 하는 유혹에 빠져든다.
어릴 적에 책을 즐겨 읽진 않았다. 아이를 낳고 부모가 솔선수범이 되어야 하기에 책 읽으려 노력했다. 매일 30분씩 책을 읽는 시간을 가져보고자 루틴을 세웠다. 하루, 이틀은 마음만 먹고 책 읽기 시작한다. 여러 가지 이유로 책을 못 읽거나, 시간을 못 채우는 날이 생긴다. 한번 실패가 어렵지, 두 번 세 번은 더욱 쉽다. 그 실패가 곧 책을 읽지 않는 원래의 습관으로 마무리된다.
어느 날 생각이 들었다. '매일 30분을 읽기 어렵다면, 매일 자기 전 5분 책 읽기로 루틴을 바꿔볼까?' 이렇게 변경하여 시작한 루틴은 가벼운 마음으로 접근할 수 있었고 이어갈 수 있었다. 꾸준한 루틴으로 시간은 덤으로 늘어났다. 그렇게 아이와 자기 전 책을 읽는 루틴을 함께하고 있다. 이런 루틴이 있었기에 초보이지만 글을 쓰기 위한 도전도 해볼 수 있었다.

사람은 다양한 목적을 위해 많은 목표를 세우지만 많은 포기 또한 경험하게 된다. 왜 포기하게 되었을까? 한 번, 두 번 실패했을 때 유연성이 없어지기 때문이다. 실패했으니 전부 놓아버린 거다.

'그럴 수 있어. 내일부터 다시 해보자.'

'이 루틴은 무리가 있으니 할 수 있는 선에서 조율해서 해보자.'

이와 같은 마음으로 유연성 있게 루틴을 유지해야 한다. 사람이 어떤 습관을 형성하기 위해서는 많은 시간과 노력이 필요하다. 그렇기에 그 과정에서 실패를 경험하는 것은 당연하다. 여기서 중요한 것은 그 실패를 딛고 일어나 다시 도전하는 거다.

결혼 전, 계획적이기보다 즉흥적으로 지냈다. 작은 루틴을 시작으로 삶이 변화되었다. 가족과의 소소한 루틴을 통해 화목한 가정을 이루었고, 살아가는 데 큰 힘이 되고 있다. 안정적인 가정이 있기에 열심히 일할 수 있는 슈퍼 워킹맘으로 살아가고 있다. 그 가운데 미래를 꿈꾸며 일과 공부를 병행한다. 매일 조금씩 읽어나간 책을 통해 작가로의 첫 도전도 시작한다. 삶에 하루하루 감사한 마음으로 만족함을 얻는다.

루틴은 다양한 연결고리로 긍정적인 영향을 준다. 루틴을 하니 삶의 주인은 내가 되었다. 결혼이란 인생의 전환점에서 '나'를 잃어버리고 '누구를 위한 역할'을 주체로 살아가는 사람이 많다. 물론

귀한 희생이고 중요한 역할이지만, 그 가운데 삶의 주인만큼은 나 자신이 될 수 있도록 작은 루틴을 실천해보길 바란다. 루틴이 주는 힘은 크다.

# 4. 절제의 루틴학

- 김하세한

　나는 성장하고 싶다. 변화는 한순간에 일어나지 않으며, 지속적인 실천을 통해 쌓인다. 그렇기에 절제를 통해 삶을 단단하게 다지고, 더 나은 방향으로 나아가고 싶다. 일본의 관상가이자 철학자인 미즈노 남보쿠는 절제를 통해 운명을 바꿀 수 있다고 말했다. 그는 하루 한 끼를 보리 한 홉과 채소 한 가지로 제한하며 몸과 마음을 다스렸고 사치와 과한 욕망을 멀리하며 검소한 생활을 실천했다. 그의 철학은 현대사회에서도 유효하다. 나는 남보쿠의 절제의 성공학을 모델링하여 나만의 루틴을 만들어보고자 한다. 하지만 단순히 남보쿠를 모방하는 것이 아니라, 현실에 맞게 적용할 수 있는 절제 방법을 찾아 지속 가능한 실천으로 만들고자 한다.

　절제는 단순한 금욕이 아니라 본질적인 가치를 추구하는 과정이다. 더 중요한 것에 집중하기 위한 선택이며 삶의 질을 높이는 과정이다. 절제는 억제나 희생이 아닌 질 높은 방향을 향한 전략적인 조정이다. 남보쿠가 강조한 절제를 따르는 데에는 분명한 이유가 있다. 단순히 소비를 줄이는 것이 아니라, 내면의 평온과 집중력을 극대화하는 방법으로 절제를 실천했다. 나 자신에게도 적용할 수 있는 통찰을 담고 있다. 주위는 온통 끊임없는 자극과 소비의 유혹으로 가득 차 있다. 그렇기 때문에 절제는 더욱 필요한 덕목이다. 물질적인 풍요 속에서도 끊임없이 부족함을 느끼고 불안해하는 삶을 벗어나기 위해서라도 절제를 실천하고자 한다.

남보쿠가 강조한 절제의 원칙들을 나만의 방식으로 재해석하여, 일상 속에서 실천 가능한 루틴을 만들기로 하였다. 절제라는 키워드를 중심으로, 나만의 현실적인 루틴으로 절제를 실천할 것이다. 매일 작은 실천이 모이면 장기적으로 큰 변화를 만들 수 있다. 하지만 최근 들어 루틴이 항상 긍정적인 의미로만 작용하는 것은 아니라는 사실을 깨닫게 되었다. 특히, 스마트폰 사용을 비롯해 일상생활에서 무의식적으로 반복하는 습관들이 오히려 부정적인 영향을 주고 있다는 생각이 들었다. 이러한 점에서 나는 절제를 세 가지 측면에서 실천해야 한다고 결심했다.

첫째, 식습관에서 절제를 실천하려 한다. 입에서 맛있는 음식을 찾으며 편식을 일삼던 습관과, 눈앞에 입에 맞는 음식이 보이면 끊임없이 손이 가고 배가 불러도 멈추지 못했던 식습관을 줄이고, 하루 식사의 양을 적절히 조절하는 것이 목표다. 배부름을 80%에서 멈추고, 저녁은 가볍게 먹는 습관을 들이고자 한다. 또한, 가공식품과 인스턴트 음식을 줄이고 자연식 위주의 식사를 실천하며 몸을 건강하게 유지할 것이다. 이러한 식습관 절제는 단순한 다이어트가 아니라, 몸을 보호하고 에너지를 최적으로 활용하기 위한 과정이다.

둘째, 소비 습관에서도 절제를 실천하고자 한다. 필요하지 않은 물건을 사지 않고, 소비의 기준을 '필요성'에 두는 것이다. 여행을 가면 필요하지도 않은 기념품들을 사들이고, 결국 집으로 가져와 쌓아두는 경우가 많았다. 그 순간에는 특별한 물건처럼 보였지만, 결국에는 사용하지 않는 '예쁜 쓰레기'가 되어버렸다. 필요해서 구입하는 것이 아니라, 단순히 사고 싶다는 충동에서 비롯된 경우가 훨씬 많았다. 충동적인 구매를 줄이기 위해 사고 싶은 물건이 생기면 며칠 동안 고민한 후에 결정하는 습관을 들이기로 했다. 또한, 소비를 줄이고 경험을 더 중시하는 방식으로 돈을 활용하고자 한다. 불필요한 물건을 줄이며 삶을 단순하게 만드는 것이 결국 내 생활을 더욱 풍요롭게 해줄 것이다. 소비의 기준에는 책도 포함된다. 어느 때는 이미 읽은 책인 줄도 모르고 또 사기도 했다. 가지고 있는 책들의 목록을 노트에 기록해보았다. 하지만, 그 노트를 들고 다녀야 하는 불편함이 있었다. 해결 방법으로 지금은 스마트폰에 저장해 언제든 확인할 수 있도록 한다. 어쩌면 이 부분도 나의 루틴에 포함시킬 수 있겠다.

셋째, 시간 관리에서도 절제를 적용하러 한다. 약속이 있을 때는 중요 여부와 관계없이 먼저 도착하려고 노력한다. 상대의 시간을 낭비하지 않기 위해서다. 가능하다면 30분 일찍 도착해 책 한 페이지를 읽으며, 하루 시간을 더 의미 있는 활동에 투자하고자 한다. 아침에는 스마트폰을 멀리하고, 밤에는 하루를 돌아보는 기록을 남기는 습관을 들일 것이다. 점심시간, 식사를 마친 후 무심코 핸드폰을 집어 들었다. '잠깐만 확인해야지'라는 생각으로 뉴스 앱을 열었고, 곧 사진과 게시물, 피드 속 이야기들을 넘기고 있었다. 처음엔 오늘의 뉴스를 가볍게 살펴보려 했지만, 친구들의 여행과 식사 사진, 화려한 일상이 이어졌다. 그 화면을 바라보며 나도 모르게 '나는 왜 이렇게 평범할까?'라는 감정이 스며들었다. 10분만 보겠다고 마음먹었지만 어느새 30분, 한 시간이 훌쩍 지나 있었다. 그날은 읽으려던 책도 펴지 못했고, 해야 할 업무에도 손을 대지 못했다. 단순한 시간 낭비가 아니었다. 책상 앞에 앉아도 마음은 자꾸 다른 곳을 향했고, 하루를 허무하게 흘려보냈다는 자책감이 밀려왔다. 일상이 흔들리는 느낌이었다. 그 경험을 반복하며, 나는 화면을 바라보는 시간이 내 감정에 얼마나 깊이 영향을 주는지 깨달았다. 시간만이 아니라 집중력과 에너지를 함께 잃는다는 점이 더 큰 문제였다. 그래서 단순히 덜 보는 것이 아니라, 접하는 태도 자체를 바꿔야 한다는 결론에 이르렀다. 이후 나는 하루 30분만 접속하기로 했고, 필요할 땐 앱에 시간 제한 기능을 설정해 스스로 경계선을 그었다. 잠들기 전에는 알람만 맞추고 핸드폰을 멀리 두었으며, 대신 책을 읽는 시간으로 바꾸었다. 작은 변화였지만, 아침이 한결 가볍고 개운해졌다. 또한 업무나 공부 시간에는 불필요한 알림을 차단했다. 1시간 단위로 일정을 계획해 집중할 수 있는 시간대를 확보했고, 흐름이 깨지지 않도록 환경을 정돈했다. 하루를 의식적으로 구성하려는 노력이 쌓이면서, 일상 속 몰입감과 평정심이 돌아왔다.

절제는 단순한 자제가 아니었다. 시간을 어떻게 대하느냐에 따라 하루가 달라지고, 그 하루들이 모여 삶을 바꾼다는 것을 알게 되었다. 내가 시간을 선택하는 사람이라는 자각은, 보다 온전한 하루를 만들어주고 있다.

절제는 자유를 제한하는 것이 아니다. 오히려 내가 원하는 삶을 살기 위해 스스로 내리는 선택이다. 처음에는 불편할 수 있다. 의도적으로 실천해야 하고, 의식적인 노력이 필요하다. 하지만 시간이 지나면 절제는 나를 통제하는 힘이 아니라, 삶을 더 가볍고 단단하게 만드는 방식이 된다. 남보쿠가 말한 절제는 단순한 자제력이 아니었다. 삶을 다스리는 기술이었고, 불필요한 것들을 덜어내면서 진짜 중요한 것에 집중하는 능력이었다. 순간의 편안함보다 장기적인 만족과 성장을 선택하는 것, 그 결단이 쌓여 삶의 주도권을 되찾게 한다. 이러한 선택은 내 생활 속 작은 습관부터 바꾸기 시작했다. 식사 습관, 수면 리듬, 화면을 마주하는 시간. 하나씩 덜어내고 나니, 더 깊이 숨 쉬는 법을 배우게 되었다.

철학자 니체는 '자신을 극복하는 것이야말로 인간이 가질 수 있는 가장 위대한 힘'이라 했다. 절제는 소비나 행동을 억제하는 일이 아니다. 나 자신을 넘어서는 일이다. 나는 절제를 통해 진정으로 원하는 삶을 살아가고자 한다. 결심만으로는 부족하다. 작은 실천이 반복되어 습관이 되고, 습관이 쌓이면 그것이 결국 나를 바꾼다. 절제는 단순한 자기 통제가 아니다. 스스로를 성장시키고, 더 깊이 있는 삶으로 나아가는 과정이다. 그리고 그것은 결심이 아니라 지속적인 실천으로 이어질 때 비로소 의미가 있다. 나는 안다. 이 훈련은 나를 억누르기 위한 것이 아니라, 더 단단하고 균형 잡힌 나로 살아가기 위한 것이다. 내가 오늘 선택하는 작은 절제가 내일의 삶을 바꾼다.

# 5. 잡스의 '아니오'가 열어준 나만의 '예스'

- 쓰꾸미

오늘 하루를 검은색으로 만들지 않는 것을 목표로 했다.

베트남에서 근무 중이다. 프로젝트 초기에 업무 시스템 구축을 위한 출장이었다. 사람을 뽑고, 업무를 분배하고, 업무 절차를 세웠다. 이제 복귀 시점이 다가왔다. 본사 팀장에게 복귀한다고 메신저로 연락했다. 돌아오는 답변은 복귀 통보가 공문으로 접수되면, 경영지원팀에 가서 배치 사항을 확인한다고 했다. 이미 복귀한 직원들이 전부 발령 대기 상태라고 했다. 작년 11월에 출장 가기 전에 베트남 현장을 담당할 정 팀장이 사우디 현장에서 근무하고 있었다. 정 팀장이 베트남 현장으로 넘어올 때까지 프로젝트를 현장에서 지원하라는 요청이었다. 출장 가라고 할 때는 언제고, 이제는 복귀하면 자택에서 대기하라고 한다. 내게 일단 복귀 후에 휴가를 보내고, 추이를 보자고 덧붙였다. 회사의 추이가 휴가 8일 동안 바뀐다고 믿기에는 내 순진함이 부족했다.

한 회사 다닌 지 18년이 넘었다. 6년 전, 대기 발령으로 8개월을 지낸 기억이 났다. 이번에도 전과 같이 회사 경영 상태가 좋지 않다고 하며, 믿고 기다리라고 했다. 2019년의 나는 준비하지 못해서 당황했었다. 마음이 급해졌었다. '특진한 기록이 있는데, 설마'라는 생각과 함께 기다리며 회사만 바라봤다. 비상금으로 모아둔 통장 잔고는 빠르게 줄어들었다. 위기감을 느꼈지만, 회사가 나를 버리지 않을 거라며 짝사랑처럼 바라보며 기다렸다. 경기가 회복되면서, 운 좋게 자택 대기가 풀렸고 회사에 출근했었다. 갈림길이었다. 회사 인사 정책에 냉정함을 느꼈다. 환경에 휘둘리지 않겠다는 다짐은 자기 계발로 이어졌다.

마음이 급했다. 경제적 자유라는 단어를 처음 만났다. 회사 월급만 바라보니 생활에 위협을 느꼈다. 미리 퇴직을 경험했다고 위로하며, 준비가 필요하다는 생각이 우선순위에 영향을 주었다. 반토막 난 수입 덕분에 부모님 용돈을 줄였고, 일상에서 외식이라는 단어를 지웠다. 계절마다 유행에 민감하던 내 옷차림은 무채색으로 바뀌었고, 친구들의 모임을 피하게 되었다. 경제적 결핍이라는 예방 주사를 30대 후반에 경험했으니 하나씩 준비하기로 했다.

돈 공부를 시작했다. 회사 출근하면 업무에 시간을 썼고, 퇴근 이후에는 명상을 핑계로 졸았다. 남은 새벽 시간으로 눈을 돌려 투자했다. 월급이 한 달만 들어오지 않아도 불안한 현재의 모습과, 돈 걱정 없이 내가 하고 싶은 일을 하며 사는 미래 모습은 차이가 컸다. 나는 지금 어디에 있는지 생각했다. 집중하고 싶은 일을 종이에 적기 시작했다. 독서, 글쓰기, 운동, 자산 만들기, 주식 투자 공부, 연금, 사업 공부, 생성형 AI 공부, 회계, 영어, 수소 사업, 양가 부모님 안부 인사, 자녀들과 친해지기, 수영 배우기…. 머리에 있던 것들을 종이로 옮기니, 나도 가벼워졌다.

지금 할 수 있는 작은 실천을 선택했다. 유튜브에서 습관, 루틴이 중요하다는 내용을 어설프게 시청하면서 루틴을 만들기 시작했다. 아침에 일어나서 이불을 갠다. 책을 10분 읽고 한 줄을 쓴다. 다이어리에 1시간마다 키워드 중심으로 작성한다. 하루에 내가 원하는 것을 100번씩 쓰고 읽는다. 하루에 1시간씩 블로그를 쓴다. 신문을 읽고 내가 얻은 정보를 1시간씩 정리한다. 이런 루틴들을 50개 이상씩 만들어서 완료 표기하기 시작하였다. 아침에 눈을 떠서 저녁에 잘 때까지 루틴만 하다가 하루를 보낸 적도 있다. 뿌듯함보다 불안이 마음속에 자리 잡았다. 일할 때도 집중 못 했다. 루틴을 해야만 내 목표와 가까워진다는 생각과 완료하지 못하는 현실 사이가 더 멀어져 좌절감이 더 컸다.

고민에 빠져 있어 방황할 때, 나와 만난 단어는 '우선순위'였다. 집중에 대해서 스티브 잡스가 한 말이 인상 깊었다.

> *집중이란 수백 가지의 다른 좋은 아이디어들에 '아니오'라고 말하는 것을 의미합니다. 신중하게 선택해야 합니다. 나는 실제로 우리가 하지 않은 일들에 대해 우리가 한 일만큼이나 자랑스럽습니다. 혁신은 1,000가지 일에 '아니오'라고 말하는 것입니다.*

나에게 필요한 문장이었다. 내가 만들어낸 루틴을 하나씩 살펴

봤다. 실천하면 얻는 결과가 있었다. 내게 주어진 시간이 일만 년이 있고, 하나씩 실천해가며 능숙한 단계로 만들어낼 수 있다면 일상을 풍요롭게 만들 수 있다. 그런데 일만 년이라는 시간은 내가 가질 수도 없고, 보이지 않는 성과를 상상하며 버티기에는 내가 나약했다. 잡스의 말에 기대어 중요한 것에 집중하고 나머지를 과감히 포기하는 전략을 사용하기로 했다.

매일 하려고 했던 루틴을 10개로 줄였다. 아내와 일상을 공유하기, 계획하기, 달리기, 독서, 글쓰기, 가족과 연락하기, 필사하기, 영어 공부 30분 하기, 다이어리 쓰기, 블로그 쓰기. 가끔 시간이 없으면 줄인 10개 중에 네다섯 개는 건너뛰기도 한다. 하지만 앞의 다섯 가지는 매일 하려고 노력한다. 이제 조금 더 시간이 지나면 다섯 가지에서 세 가지로 줄여보려고 한다. 책 『레버리지』에서 강조한 파레토의 법칙을 적용해 더 중요한 것에 더 집중해보려고 한다. 변하면 나에게 여유가 생길 것이라 믿는다. 내 단기 목표다.

오늘 아침에도 다이어리를 펼쳐서 하루를 계획했다. 예전의 나였다면, 계획을 10분 단위로 쪼개가며 해야 할 일을 가득 채웠을 것이다. 빽빽하게 채워진 계획을 실행하려고 안간힘을 썼다. 실행한 루틴의 결과가 좋지 않은 적도 있었다. '완료'에만 집중한 나머지 중요한 일에 정성을 쏟지 못하고 실수가 있었다. 그날 저녁, 다이어리에 모두 완료하지 못한 나를 원망하는 글도 썼었다. 주변이 나를 도와주지 않는다고 화도 내고, 날카롭게 반응했었다. 주변의 기회를 바라보지 못하고 경주마처럼 목표만 보고 달리니 지치기 시작했었다. 앞만 보니 조금만 환경이 바뀌면 대응을 못 하고 포기하기도 했다. 그렇게 지쳤었다.

이젠 늘 여유를 두려고 노력한다. 주변 환경은 나만을 위해 도와주지 않는다. 환경에 따라 변화할 수 있는 유연함을 가지기 위해서 여유를 두려고 한다. 아침에 눈을 뜨자마자 우선순위가 높은 루틴 다섯 가지를 먼저 완료한다. 그리고 남은 시간은 보너스라고 생각하면서 슬렁슬렁하려 노력한다. 이런 태도를 가져야 갑자기 아이들이 아플 때 데리고 병원도 갈 수 있고, 회사에서 급한 일이 발생하여 야근하여도 여유를 가질 수 있다. 매일 80%의 에너지를 쓰고, 20%는 아껴두려고 노력한다. 남겨둔 20%는 내 의지와 상관없이 발생하는 일에 대응하기 위해서 쓰거나, 덜 중요한 루틴 다섯 가지를 했다. 때로 힘들면 쉬기도 한다. 그렇게 여유와 함께 하루를 쌓는다.

'잘'이라는 단어에 열광했었다. 언제나 '잘'하면 결과가 좋아질 것이라는 막연한 희망만 바라보며 목표를 향해 달리니 지쳤다. 결과만 바라봤다. 요즘엔 '잘'이라는 단어 자리에 '꾸준히'라는 단어를 사용한다. 전력을 다한 노력을 하지 않아도 된다. 일상을 대충 보내라고 권유하는 것은 절대 아니다. 나에게 '잘'을 선택하면, 덜 중요한 목표를 억지로 참고 견디며 계속하라고 강요하는 것 같다. 그러다 결과가 기대치에 못 미쳐 실망하는 게 싫다. '무엇이든 기대하지 않기.' 이 짧은 문장이 나에게 새로운 눈을 선물했다. '잘'이라는 단어는 언제나 결과에만 집중하게 한다. 그러나 하루 동안 내가 가치 있다고 생각하는 걸 선택하고, 집중하여 꾸준하게 하는 것이 의미가 있다. 결과가 좋지 않으면 과정에서 배움을 얻을 수 있었다. 결과가 좋으면 즐거움도 느낄 수 있었다. 그렇게 하나씩 성장할 수 있다.

중요한 것들을 섞기 시작하면, 전부 덜 중요한 것으로 바뀐다. 흰 종이에 좋아하는 녹색을 칠하고, 그 위에 남들이 좋아하는 빨간색, 파란색, 주황색, 노란색으로 덧칠하니 검은색이 되어버렸다. 그리고 내가 좋아하지 않는 색이라고, 내가 원하지 않는 색이라고 불평했다. 내가 만든 색이 분명한데 말이다. 일상을 내가 가치 있다고 생각하는 하나로 채우는 것, 집중이 최종 목표이다. 먼저 하나를 이루고, 그 성취가 다음 목표로 쉽게 가기 위한 경험과 지혜를 준다고 믿는다. 이 믿음으로 오늘도 덜 중요한 것을 안 한다고 외치고 완료 표기하는 루틴을 실천한다.

# 6. 특별하지 않아도 그대는 경이로와요

- 양소영

**탁월한 사람이 되고 싶어요**

회사 창립자가 어느 날 갑자기 쓰러졌다. 갑작스러운 소식에 온 직원들은 마음을 모아 창립자의 회복을 위해 기도했다. 그 기도 덕분이었을까. 한 달쯤 후, 위독한 고비를 넘겼다는 소식이 들려왔다. 기쁜 마음으로 본부 팀장들이 함께 병문안을 갔다. 천국의 문 앞까지 다녀와서일까. 회사 창립자는 마르고 연약한 노인의 몸이었지만 얼굴빛은 청년처럼 밝았고, 세상의 모든 진리를 깨달은 것 같은 영적 거인의 모습이었다. 그는 팀장들에게 고민되는 걸 한마디씩 해보라 하고 경청했다. 내 순서에서 뭘 나눌까 고민하다가 솔직한 생각을 털어놓았다.

"5년 동안 주부의 삶을 살다가 최근에 다시 업무를 시작하니 역량이 너무 부족한 것 같아요. 탁월하고 싶은데, 어떻게 해야 하는지 모르겠어요."

창립자는 무심하게 한 마디 툭 내뱉었다.

"탁월한 게 별거 있나. 남들과 다른 점이 있으면 그게 곧 탁월함이지."

이후 더 이상 '나는 왜 이렇게 일을 못하지, 왜 영어도 못하고, 멋진 스피치도 못하고, 추진력도 없지'와 같은, 답도 없는 지리멸렬한 자문을 멈추게 되었다. 자고로, 이 세상에 똑같은 사람이 어디 있는가. 모든 사람은 각자의 고유성을 가지고 있다. 그러니 누구나 남들과 다른 점이 있으면 그 영역이 곧 탁월함의 영역이 될 수 있다는 걸 깨달았다. 이 계기로 타인과 비교하는 습관을 멈추게 되었다.

재능이 없어도 된다. 관심 분야가 있다면 이미 어제의 나에 비해 전문가로 한 걸음 성장한 것이다. 세상엔 능력 있는 사람들 천지다. 다른 사람과 비교하면 영원히 전문가가 되지 못할 것이다. 나의 전문가 기준은 어제의 나에 비해 역량이 계발되었는가, 성장을 위해 노력하고 있는가이다. 배움이 지속된다면 오늘의 나에 비해 내일의 나는 한 걸음 더 위대한 세계에 발을 내디뎠을 테니 말이다.

한 가지 더, 직업에 귀천이 없듯 루틴에도 귀천이 없다. 아무리 별거 아닌 루틴도 의식적으로 성장과 변화를 위해 노력한다면 그 자체로 위대한 루틴이 된다. 창립자의 이야기대로 남들과 다른 점이 곧 탁월함의 원천이다. 그러니 그저 나에게 맞는 색깔의 루틴이 있으면 된다.

### 못해도 관심이 있다면 일단 도전해볼까?

직장에서 일을 할 때 글을 잘 쓰는 사람을 동경해왔다. 정확히 말하면 스토리텔링이 되는 사람들을 부러워했다. 대학은 수학 실력으로 가고, 취업은 영어로 하며, 회사는 국어 실력으로 다닌다는 말은 사실이었다. 국어를 잘하고 싶은데, 그렇다고 평소에 책을 잘 읽지 않는 내가, 일기라고는 초등학교 이후 써보지 않은 내가 어찌 하루아침에 잘 쓰게 되겠는가.

사회복지 실천 현장에 발령을 받았을 때 '대략 난감'이었다. 현장에 오니 글쓰기가 핵심 역량이다. 상담 일지를 쓰는 게 어찌나 고역이던지. 직원들의 상담 기록을 고쳐주는 것이 어찌나 두렵던지. 그제야 알았다. 생각을 글로 잘 옮기는 사람이 되고 싶은 간절함과 실제의 나는 차이가 크다는 것을. 이런 자기 인식 덕분에 글을 잘 쓰지 못하는 나의 모습을 오히려 수용하게 되었다. 글에 대한 평가와 상관없이 그저 쓰면 된다는 것을 깨닫게 됐다. 쓰다 보니 어느새 글쓰기를 좋아하고, 심지어 쓰는 걸 즐기고 있는 자신을 발견했다.

만 나이로도 확실하게 오십이 넘은 2024년 말에 글쓰기 챌린지에 우연히 들어가게 되었다. 21일 동안 매일 글을 쓰는 챌린지인데 지금 8기째 연속해서 참석하고 있다. 거의 빠지지 않은 덕에 내 구글 드라이브에는 160여 편의 글이 저장되어 있다. 이번 공저 기회도 매일 글을 쓴 성실함 덕분에 주어졌다고 여겨진다. 요즘은 자발적으로 글쓰기 홍보 대사 역할을 하고 있다. 만나는 사람마다 말이 잘 통한다 싶으면 예외 없이 글쓰기 챌린지를 소개한다. 글쓰기를 통해 치유받은 경험이 있기에 여간 열정이 있는 게 아니다.

무엇이 나를 이렇게 글쓰기의 세계로 빠져들게 했을까.

글쓰기는 낮은 자존감에서 벗어나는 길이었다. 이제는 더 이상 열등감에 구속되지 않음을 스스로 느낀다. 만약 내가 노래나 그림, 운동을 좋아했더라면 글쓰기는 그 기쁨의 순서에 오지 않았을지도 모른다. 사람은 누구나 자기 표현의 욕구를 지니고 있다. 즉, 모든 사람은 아티스트로서의 자격이 있다. 나에게 그 표현의 통로는 글쓰기였다.

글쓰기는 한글만 읽고 쓸 수 있다면 누구나 도전할 수 있는, 진입장벽이 낮은 예술이다. 노년에 한글을 배운 할머니들이 쓴 시가 얼마나 아름다운가. 한글을 쓰는 능력과 진솔한 마음, 이 두 가지만으로도 우리는 예술을 경험할 수 있다. 그래서 나에게 글쓰기는 단순한 취미를 넘어선, '예술의 한 장르'다. 굳이 문학이라 부르지 않는 이유는, 아직 독자를 배려하는 수준에 도달하지 못했기 때문이다. 내 글의 첫 번째 독자는 타자가 아닌 바로 나 자신이다.

늦바람이 무섭다더니, 글쓰기는 평생 가져가고 싶은 루틴이 되었다. 글을 통해 친한 지인들과 소통할 때, 직접 얼굴을 마주하고 나눈 대화보다 더 깊은 친밀감을 느낄 때가 많다. 글만큼 사람의 생각을 구체적으로 표현하며, 왜곡을 최소화하고, 서로의 마음을 이해하게 돕는 도구가 있을까. 글을 통해 사람들에게 있는 모습 그대로의 나를 진솔하게 표현하고, 그로 인해 보이지 않는 유대감이 더 깊어진 느낌이다. 그리고 보니 글쓰기는 나에게 예술 장르에 그

치지 않고 탁월한 의사소통의 도구도 되어주었다. 글을 통한 나눔에서 친밀감이 생기고 그로 인해 내 정서는 다정하게 토닥여진다.

### 다시, 꿈을 꾸다

난, 글쓰기를 비롯한 몇 가지 루틴으로 다시 행복한 꿈을 꾼다.
먼저 은퇴 후에는 자녀나 손주들, 친구들에게 편지를 자주 써서 건네고 싶다. 그동안 내 마음을 표현하지 못하고 늘 피곤에 지쳐 침대와 합체되어 살아왔다. 글로 표현하면 오히려 상대방이 내 진심을 말보다 더 잘 알아차려주니 신기하다. 말은 허공에서 흩어지지만, 글은 계속 여러 번 볼 수 있어서 그런가보다. 내 글이 단 한 사람에게라도 위로가 된다면 더할 나위 없이 행복하겠다.
두 번째로, 영어 글쓰기에도 도전해보고 싶다. 지금 매일 두 문장씩 외우는 영어가 십 년 정도 쌓이고, 한글 글쓰기도 익숙해지면 결국 영어 글쓰기도 가능해지지 않을까 상상해본다. 또 누가 아는가? 미국의 어느 지방대학 캠퍼스에서 백발의 동양인 할머니가 열심히 영어로 쏼라쏼라 공부하고 있을지.
세 번째로, 앞으로 계속 글쓰기를 꾸준히 하여 일흔 정도에는 문학의 영역에도 도전해보고 싶다. 10장 분량이라도 나의 상상력이 들어간 단편소설 한 권 써보고 싶다.

탁월하지 않아도, 특별하지 않아도, 한 사람 한 사람은 소중하고 경이롭다. 모든 사람의 인생이 한 권의 소설책이라고 보았을 때, 각 사람은 성장소설의 '주인공'이다. 그들은 좌충우돌 인생 속에서 성장하고, 배우고, 성숙해간다. 세상을 따뜻하게 유지해주는 숨은 주역들이다. 물론 나도 그중 한 사람이 될 것이다. 우리는 모두 미래의 나와 연결되어 있다. 계속해서 꿈을 꾸어보자. 루틴으로 그 꿈을 이루어가길.

# 7. 숙고와 복기의 시간이 필요하다

- 유가인

매주 토요일 오전 7시, 자이언트 책 쓰기 수업을 듣습니다. 이은대 작가가 운영하는 글쓰기 수업입니다. 수업 중 예시를 들기 위해 예비 작가 지망생에게 선생님은 어제 무슨 일이 있었는지 질문합니다. 하루는 제 이름을 호명하고 어제 있었던 일에 관해 물었습니다. 마이크를 켜고, 인사하고 나서 답했습니다. "늘 똑같은데…"라고 말문을 열며 어제 있었던 일들을 시간 순서대로 나열했습니다. 제 대답을 듣고 선생님이 바로 피드백을 해주셨습니다. 제 답변이 일관되게 부정적이고, 수동적인 모습이었다고요.

"손님이 없어요. 장사가 안돼서 동영상을 봤어요." 등의 말을 반복했다고요. 문제에 대한 해결책을 찾으려는 노력보다는 외부 상황만 탓하는 것처럼 보였다고 말씀하셨습니다.

계엄령 선포와 대통령 탄핵, 조기 대선 등 어수선한 나라 상황 탓도 있었지만, 소극적인 반응과 태도가 문제였습니다. 외부 조건만 탓한다고 경제적 문제가 해결될 수 없었습니다. 선생님 질문 덕분에 루틴을 되돌아보게 되었습니다. 생각 없이 루틴을 반복하고 있던 저 자신을 직시하게 됐습니다. 힘든 시기일수록 루틴이 나약한 정신을 일으키는 도구가 되어야 했습니다. 손님이 없다고 손 놓고 앉아서 신세타령만 하고 있을 수는 없었습니다. 루틴을 유지하더라도 삶에 변화가 없다면 정체기나 다름없습니다. 타성에 젖어 기계적으로 루틴만 반복해서는 성장을 기대할 수 없었습니다. 잠시 멈추고 루틴을 개선하기 위해 생각하는 시간이 필요했습니다. 제 삶에 버팀목이 될 수 있게 루틴을 바꿀 의식적인 노력이 필요했습니다.

일 년 넘게 루틴을 진행해왔습니다. 처음엔 동기 부여를 위해 루틴 모임에 들어가서 습관화하는 데 집중했습니다. 루틴에 익숙해지면 자동적으로 성장할 거라고 기대했습니다. 작년 후반기부터 매장 매출이 급격히 떨어졌습니다. 임대료도 두 달 치가 밀렸습니다. 경제적인 어려움을 타개하는 데 제가 하고 있는 루틴이 어떤 힘도 발휘하지 못했습니다. 루틴을 왜 하는지 자문했습니다. 작가가 되고 싶다는 꿈도 있었지만, 루틴이 제가 하는 일에 도움이 되고 동기부여가 되길 바라는 마음이 있었습니다. 개선이 필요했습니다. 중간 점검하는 시간을 가지기로 했습니다. 루틴이 일상에 긍정적인 효과를 주려면 올바른 시스템을 세워야 했습니다.

먼저 아침에 눈 뜨자마자 기대되고 설레는 마음으로 하루를 시작하기로 했습니다. 아침 긍정 확언으로 "오늘도 기대되는 하루가 시작되었다! 오늘은 내 인생 최고의 날이다!"라고 외치며 하루를 열었습니다. 잠재의식의 법칙은 말의 힘에 관해 이야기합니다. 무엇이든 우리가 말하는 대로 된다고 믿고 외치면 뇌는 우리가 한 말을 그대로 실현하는 방향으로 움직입니다. 평소에 똑같이 하던 루틴도 어떻게 의식적인 노력을 하면 좋을지 고민합니다. 또 제 일과 연결해서 적용하면 좋은 습관은 없는지 살펴봅니다. 수동적으로 루틴을 반복하는 것이 아니라, 주도적으로 원하는 습관을 설계했습니다. 일을 대하는 태도가 적극적으로 바뀌었습니다. 똑같은 하루라는 생각이 들 때는 아침에 눈 뜨는 게 힘들었습니다. 틈만 나면 유튜브 동영상을 보거나, 일과 관련 없는 흥밋거리에 마음을 빼앗겼습니다. 확언의 힘 덕분인지 한동안 뜸했던 거래처에서 주문이 다시 들어왔습니다. 아는 분들에게도 속옷 주문이 들어왔습니다. 거래처에 여름 신상품을 알아보고, 도매 몰에 샘플 사진도 올렸습니다. 멀뚱거리지 않고 매장 제품 전시를 계절에 맞춰 바꿨습니다. 말과 생각 하나 바꿨을 뿐인데 일상이 180도로 달라졌습니다.

루틴에도 정체기가 있습니다. 계속 우상향하는 주식은 없듯이, 익숙해지면 타성에 젖어 생각 없이 반복합니다. 이럴 때 필요한 것이 숙고와 반추의 시간입니다. 발전하고 있다는 느낌이 들지 않으면, '아! 중간 점검이 필요한 때구나!'라고 생각합니다. 스마트폰과 컴퓨터도 주기적인 업데이트를 해야 원활하게 작동하듯, 루틴도 '중간 점검' 시간을 가져야 합니다. 루틴에 의도적인 노력을 기울여야만 숙련된 기술을 갖춘 전문가가 될 수 있습니다. 먼저 지금 하고 있는 루틴이 나의 정체성과 내가 되고 싶은 사람이 되기 위한 과정에 적합한지 점검합니다. 어디서 잘못됐는지, 어떻게 개선하면 좋을지 생각합니다. 글쓰기 수업에서 글 쓰는 데 유용한 양식을 배웁니다. 글이 나아지려면 수업에서 배운 내용대로 자기 글에 적용해봐야 합니다. 의도적인 노력을 기울이지 않으면 글쓰기는 늘지 않습니다. 마찬가지로 현재 습관을 개선 없이 반복하면 성장하기 어렵습니다. 항상 의식적으로 향상되어야 한다는 목표를 세워야 합니다.

풀리지 않는 문제가 있다면 종이 위에 써봅니다. 쓰면 방법이 떠오릅니다. 손님이 없어서 걱정이 많을 때, 빈 종이 위에 '왜 손님이 없을까? 어떤 상품을 취급해야 하나? 매장 콘셉트를 어떻게 바꾸면 좋을까?' 등의 질문을 메모합니다. 모든 문제 해결의 열쇠는 우리 안에 있습니다. 적다 보면 스스로 답을 알고 있는 경우가 많았습니다. 문제를 머릿속으로만 생각하면 막연하고, 일이 손에 잡히지 않습니다. 그럴 때 고민을 손으로 적어보니까 문제를 명확하게 볼 수 있었습니다. 낙서한 질문을 읽어보며 생각했습니다. '왜 오프라인 매장을 고집해야 하지? 고객은 어떤 제품을 원할까? 현시대가 원하는 매장의 개념은 뭘까?' 같은 의문을 던지면서 생각이 확장되었습니다. 당면한 문제가 무엇인지 적어보고, 그에 관한 해법을 찾아봤습니다. 지금 당장 실천할 수 있는 작은 것부터 하나씩 실천했습니다. 이렇게 의식적인 개선을 해나가면, 한 단계 더 성장한 자신을 만나게 될 거라고 믿습니다.

작가라는 꿈으로 시작된 루틴이었는데 어느 순간 정체기가 찾아왔습니다. 습관이 삶에 변화를 주기 위해서는 '개선의 시간'이 필요했습니다. 물 위에 떠 있는 오리를 보면 겉으론 평화로워 보입니다. 우리 눈에 보이지는 않지만, 오리는 물속에서 계속 발짓을 하고 있습니다. 가만히 있는 듯 보여도 물속에서 계속 발짓하는 오리처럼, 현상 유지에만 에너지를 쏟아서는 다음 단계로 나아갈 수 없습니다. 루틴을 흥미롭게 만들기 위한 의도적인 노력을 기울여야 합니다.

타성에 젖어 루틴을 반복하고 있다고 느껴진다면, 잠시 멈추고 '중간 점검'하는 시간을 가집니다. 매일매일 설레고, 기대되는 루틴을 의도적으로 만들어갑니다. 정체는 곧 도태를 의미합니다. 끊임없이 성장하기 위해 주기적으로 숙고와 반추의 시간을 가집니다.

# 8. 오늘이 쌓여 달라지는 미래

- 이주민

   3월, 개학하니 오전에 여유가 생겼다. 겨울잠 깨우듯 민혁 엄마 연락이 왔다.
   "여보쇼. 어떻게 살았냐? 이제 얼굴 봐야지?"
   "언니는 잘 지냈어? 우리는 애들이 개학해야 얼굴 한 번 보네."
   민혁 엄마 얼굴 본 게 작년 11월이다. 같은 아파트에 살다가 지금 사는 곳으로 이사하고는 몇 달에 한 번씩 얼굴을 본다. "잘 살고 있냐?" 하는 질문에 항상 같은 대답을 한다. 내 일상은 작년이나 지금이나 똑같다. 민혁 엄마도 똑같은 날 지냈다. 반복되는 시간이 지루했고, 아이들 방학은 더 힘들었다고 한다. 집에만 있는 나에게 힘들지 않냐고 물었다. 오히려 바빴다. 아침부터 늦은 밤까지 할 일이 많다. 방학에는 오후 1시 수업 전까지 온라인 강의와 베트남어 과외, 수업 준비 등으로 밥해 먹을 시간도 없다. 집에서도 김밥 시켜 먹는 일이 다반사다. 배달 음식 먹다 보면 욕구 불만이 쌓인다. 맛있는 것도 먹고 싶고, 시원한 맥주 한잔도 생각난다. 그럴 때는 감사 일기와 약속된 수업 외에는 모두 쉰다. 루틴 하루 빠진다고 큰일 안 난다. 며칠 안 해도 괜찮다. 절제된 삶에 나도 모르게 쌓였을 스트레스를 풀어본다. 반나절이라도 느슨한 하루 보내고 나면 평소의 활력을 되찾는다.

집마다 다르지만, 베트남에서 나는 월세와 학비를 3개월에 한 번씩 낸다. 3개월마다 목돈이 필요하기 때문에 미리 준비해야 한다. 어느 정도 돈이 모일 때까지 소비를 자제한다. 마트에 가서 이것저것 사다가도 월세와 학비를 내야 하는 날이 다가오면 우유와 계란 정도만 사며 아낀다. 과일이나 고기 등은 안 사려고 가게 근처도 안 간다. 월세, 학비 내고 여유가 생기면 동네 한 바퀴 돌며 소고기와 과일, 빵을 산다. 한동안 먹고 싶은 것, 사고 싶은 것 참은 보답으로 가게 돌면서 냉장고에 주전부리를 채운다. 아들의 말을 빌리자면 '플렉스' 했다.

늦어도 9시 전에는 일어난다. 주말에도 일하기 때문에 아프면 큰일이다. 일정에 차질이 생기지 않게 되도록 술은 마시지 않는다. 많지 않은 루틴이지만 집안일과 수업까지 하니 시간이 빠르게 간다. 누가 내 나이 물어보면 머릿속으로 2025에서 내 출생 연도를 빼며 계산하고 답한다. 다람쥐 쳇바퀴 같은 날에 어느 순간 내 나이도 잊었다.

어쩌다 보니 쉬는 날 없이 일했다. 주말은 오전부터 수업이라 빨간날의 기쁨은 없다. 수요일에 외부 수업을 나갔다가 그만두면서 쉬는 날이 되었다. 평일에 쉬니 반복되는 생활에 쉼표가 생겼다. 평소 미뤘던 볼일을 보기도 한다. 수요일 쉬는 날이 너무 좋다. 딱히 무엇을 하지 않아도, 누구를 만나지 않아도 남들 일할 때 논다는 것 자체가 좋다. 날씨까지 좋으면 영화 '귀여운 여인' OST가 들리는 기분이다. 그럴 땐 신나는 음악 들으며 거리를 누벼줘야 한다. 혼자여도 저절로 입꼬리 올라간다. 들뜬 기분에 저절로 지갑이 열린다. 마트와 과일 가게에 가고, 빵집도 간다. 최근에 빵집이 새로 생겼다. 빵집마다 좋아하는 것이 달라 골라서 산다. 매일 집에서 마시던 커피 말고 스타벅스에 가서 커피를 마신다. 깃털처럼 가벼운 기분에 집에 가는 양손은 무겁다. 절제만 하며 반복된 일상에 활력이 생긴다. 집에 돌아와 책상 앞에 앉으면 다시 내 일과 시작할 시간이다. 다시 뫼비우스의 띠 같은 일상으로 돌아간다.

누구나 루틴이 있다. 반복적인 행동 모두 루틴이다. 그러나 내가 생각하는 루틴은 일상의 반복되는 행동이 아니다. 목표가 있는 루틴이다. 루틴 하나만 있어도 하루가 허무하지 않다. 인터넷으로 하루를 보내고 TV와 연예인 이야기 하는 티타임은 하루를 지치게 한다. 오늘 어떻게 보낼지 걱정하지 말고, 내년 어떤 사람이 될지 고민하면 시간이 아까워진다. 저절로 루틴이 생기고 하루를 뿌듯하게 보낼 수 있다. 머릿속에서 미래의 내가 웃고 있으니 지금 나도 웃게 된다. 주변의 유혹도 참고 행동하게 된다.

유치원에 근무할 때, 한 어머니는 아이를 등원시키고 술을 마셨다. 늦게 퇴근하는 남편 기다리며 반복되는 독박 육아에 우울증이 생겼다. 동네 엄마들을 만나 맛집도 가고 수다도 떨지만 허전함이 풀리지 않았다. 또래 아이들과 내 아이를 비교하니 속상해 술을 마셨다. 취해서 원장님에게 하소연하는 전화를 여러 번 했다고 한다. 아이와 남편에게 나를 투영시키면 사는 게 즐겁지 않다. 남편이 나의 즐거움을 채워줘야 하고, 아이가 다른 아이들보다 뛰어나 엄마의 자존감이 오르기를 바라면 1년에 며칠만 행복할 것이다. 나와 가족을 위한 삶의 균형이 필요하다.

  아들은 사춘기 때 게임에 빠져 살았다. 공부를 내려놓았다. 약 2년간 학원도 다니지 않고 집에서 게임을 하며 놀았다. 당연히 시험 성적이 좋지 않았다. 학원생들이 한 개, 두 개 틀렸다며 높은 평균 이야기하면 화가 났다. 혹여 "선생님 아들은 시험 잘 보지 않았어요?"라고 물으면 부끄러움은 내 몫이다. 내 자존감이 아들 성적과 같이 낮아진다. 1년에 4번 시험 볼 때마다, 성적표 나올 때마다 없던 우울증이 생긴다. 사는 게 재미없고 왜 사는가 싶었다. 그러다 시험에서 하나 틀렸다고 하는 날에는 희망이 보이고 하루가 행복하다. 시험 점수에 오락가락하는 기분과 아들 성적 물어보면 부끄러워 말도 못 하는 상황이 싫었다. 사는 게 즐겁지 않았다. 우울한 날이 계속되면 모든 걸 그만두고 싶은 순간이 온다. 타지에서 참고 사는 삶 말고 한국에서 사계절 즐기며 살고 싶었다. 이것저것 따지며 고민하다 현실적인 문제로 일단 살아보기로 한다.

  삶의 중심을 잡아야 한다. 내 마음이 흔들리지 않아야 나와 가족이 행복하다. 그 마음 단단히 잡아주는 것이 루틴이다. 경제적 부담감에서 시작했지만, 감사 일기의 내용은 온통 남들처럼 살고 싶다는 내용이다. 비교하는 삶이었지만 루틴을 반복하면서 마음을 비우게 되었다. 아이의 성적을 높이기 위해 잔소리하지 않고 내일 잘하는 모습 보이려고 했다. '남들만큼'이라는 욕심을 버리고 '이 정도에 감사하지'로 마음이 바뀌었다. 기분 좋은 날이 늘어나니 루틴이 지속된다.

습관 만드는 시간이 100일 필요하다고 하는데, 한순간에 무너지기 쉽다. 다이어트하는 사람들이 치팅 데이로 욕구를 해소하듯, 루틴으로 지치고 그만두고 싶을 땐 쉬면 된다. 기분 전환도 되고 다시 시작할 힘도 생긴다. 가끔은 시간 낭비했다는 죄책감도 든다. 기분 전환과 죄책감을 반복하다 보면 쉬는 시간이 줄어든다. 함께 하는 사람이 있다면 유지하기 수월하다. 미래의 나와 가족, 소중한 사람들을 생각하면 루틴이 이어진다.

오늘 루틴 안 해도 내일 문제없다. 그동안 루틴을 한 게 무색하다. 그러나 루틴을 꾸준히 하면 내년이 다르다. 실력도, 환경도 달라져 있다. 똑같은 일상에서 에세이 공저를 출간했다. 누구에게나 똑같이 반복되는 하루지만 나에게는 미래를 준비하는 루틴이 있다. 1년 후, 2년 후, 노년의 삶을 꿈꾸며 루틴을 유지한다. 새로운 목표가 생기면 루틴이 추가될 것이다. 게을러지고 싶은 유혹 뿌리치고 미래를 준비하는 내가 대견하다. 작년과 같은 날을 보내고 있다면 내년을 상상해보자. 변화된 모습 상상하며 루틴을 하면 된다. 지금부터 시작하면 내년은 지금과 다르다. 더 멋진 삶이라 확신한다.

## 9. 내 인생의 전환기는 20대

- 장혜빈

20대로 다시 돌아간다면 무엇을 하고 싶으세요?

운전면허증, 태권도 단증, 교원 자격증, 보육교사 자격증, 결혼, 회사 취직. 모두 20대 때 얻은 성과물입니다. 연애와 일도 선택과 루틴의 결과물이죠.

계약 만료로 다른 직장을 찾을 때 신랑을 만났습니다. 동창의 소개로 연애를 시작했어요. 첫인상이 박건형 씨를 닮았더군요. '진짜 사나이' 프로그램에 나오는 분이라 신랑 얼굴을 보니 박건형 씨가 생각났어요. 그분의 프로그램 캐릭터는 제 이상형이었어요. 눈앞에 닮은 사람이 앉아 있으니, 예감이 좋았어요.

소개팅한 날 영화를 보고 1일로 만남을 시작했어요. 같은 지역에 살고 있어서 하루에 한 번씩은 얼굴을 봤네요. 늦게 퇴근하면 남편이 저를 보러 집 앞으로 왔어요. 매일 보는 게 루틴이 되어 연애 3개월 만에 결혼했네요.

아침마다 일찍 일어나 운동하고 회사 출근하는 신랑 덕분에 저도 부지런해졌어요. 남편이 10년 다니던 회사를 이직했어요. 전업 후 3년이라는 시간이 흘렀어요. 책임감 있게 일하는 모습이 듬직

하고 신뢰감을 줍니다. 40이 다 된 나이에 이직이 쉽지 않다고 하는데 신랑은 면접 본 두 곳 모두 합격했어요. 지금 다니는 회사는 10년 일했던 일과는 다른 분야이지만 6시에 출근해서 저녁 9시에 퇴근할 때가 많아요. 새벽에 전화 받고 출근하는 일도 종종 있어요. 일을 하면 열심히 합니다. 쉬는 날 없이 출근하는 주도 있어요. 자신은 고생하지만, 저랑 아이의 편안함은 지켜주려는 신랑의 따뜻한 마음이 느껴집니다. 그 마음이 감사해 신랑 출근할 때 아침 인사를 하는 게 루틴이 되었네요.

루틴 지속이 어려운 이유를 생각해봤어요. 결과물이 나오는 속도가 느리다는 점이 가장 큰 방해 요소입니다. 하루가 모여 내가 됩니다. 1년이 지난 모습은 루틴이 만들어준 모습이죠. 영어 공부를 해도 달라진 모습을 보기 위해선 시간이 필요합니다. 그 시간을 기다리기엔 조급함이 자주 찾아옵니다. 변화가 느껴지지 않는 모습에 초조함이 발목을 잡나 봅니다. 기다림에 지쳐 멈추는 시간이 많았습니다.

마음의 여유가 루틴 지속에 도움이 된다고 생각합니다. 아침에 일어나면 5분 동안 명상하는 루틴을 3년 넘게 이어오고 있습니다. 눈 감고 앉아 있으면 여러 가지 생각이 올라옵니다. 가끔 생각에 빠져 명상하고 있다는 사실도 잊어버리죠. 반복해서 명상하니 아무 생각 없이 머리가 맑아질 때가 있어요. 이런 날은 집중도 기분도 다릅니다. 반복하다 보면 다른 모습을 발견합니다. 새로운 모습에 다시 루틴에 집중하는 힘을 얻네요.

하다 보면 루틴을 위해 존재한다는 생각이 들 때가 있습니다. 해야 한다는 부담감으로 불행해진다면 루틴을 하는 의미가 있을까요? 루틴 자체가 버거워지기 시작하면 주객전도의 현상이 나타납니다. 루틴을 위해 존재하는 거죠. 삶의 주인으로 살기 위해 자신을 관리하며 루틴을 실행하는 게 가장 중요하다는 생각이 듭니다.

영어 공부, 한 달에 독서 2권의 목표를 잡고 하루 30분 이상은 하자는 계획을 세웠습니다. 몸이 아플 때나 신경 쓸 일이 많을 때, 심신이 약해져 있으면 지속하기가 힘들었어요. '지금 뭐 하는 거지?' 하는 질문이 떠오르고 허무함과 내가 없는 기분이 듭니다. 내가 존재해야 무엇이든 합니다.

2년 전, 저녁이 되면 녹초가 되어 잠드는 날이 반복되었습니다. 피로감의 무게에 짓눌리는 기분이었죠. 신랑과 건강 검진을 갔습니다. 갑상선에 이상이 있다는 사실을 알게 되었습니다. 정밀 검사 후 갑상선 결절로 수술했어요. 반복되는 수술의 결과로 갑상선과 임파선, 혀 모두 반쪽이 없습니다. 건강을 잃으면 아무것도 할 수 없습니다. 루틴도 성공도 건강이 있어야 가능한 것들이죠. 건강을 위한 루틴은 무엇을 하든 기본으로 실천합니다. 몸과 마음은 연결되어 있어요. 몸이 건강해지면 마음 건강도 올라가죠. 몸과 마음의 건강을 함께 챙기려는 이유입니다. 무엇을 하든 심신 건강이 먼저입니다.

루틴을 지속하기 위한 요소를 생각했습니다. 심신 건강, 인내심과 마음의 여유, 나를 있는 그대로 수용하고 포용할 수 있는 마음

그릇. 꾸준히 지속한다는 것 자체가 쉽지 않아요. 꾸준히 하는 과정에서 힘들어하는 모습을 종종 봅니다. 자신을 토닥이며 나아가야 한다는 사실을 깨달았어요. 남들보다 뒤처질까 불안감이 가끔 올라옵니다. 루틴을 하며 찾은 안정감이 도움이 되네요. 나의 속도를 찾으면 불안하지 않아요.

양육과 루틴은 닮았어요. 오랜 시간 노력과 정성을 들여야 결과가 나옵니다. 지치지 않고 원하는 목적지에 도달하기 위해 속도 조절은 필수입니다. 하는 중간에 목적을 종종 생각해야 길을 잃지 않아요.

루틴과 양육을 함께 하고 있습니다. 대학생 때보다 할 일이 많습니다. 시간이 늘 부족하다고 느낍니다. 부족함의 갈증이 다시 움직이게 하네요. 간절한 마음에 루틴을 계속합니다.

아이가 나를 보고 배운다는 생각에 오늘도 루틴을 합니다. 아이와 함께하니 서로 선생님이 됩니다. 하루의 루틴 달성도 점검하며 대화도 자주 합니다.

아이와 매일 한 장씩 영어 문제집을 풉니다. 문제집에 나온 단어도 읽고 쓰며 익힙니다. 아이와 같이 성장하네요. 혼자가 힘들다면 함께하는 방법을 추천합니다. 서로 토닥이며 앞으로 나아갈 힘이 생깁니다. 시너지 효과라 하죠. 함께하면 더 멀리 갈 수 있다고 말하는 이유이지요. 루틴을 할 수 있는 환경으로 만드는 방법도 좋습니다. 방마다 책이 없는 곳이 없어요. '하루에 최소 30분 이상은 독서하기'라는 소소한 루틴이 있어서 어딜 가든 책을 챙겨 갑니다. 남는 시간을 활용하면 매일 루틴 달성도 어렵지 않아요.

어디에 있든 내 마음이 중요하죠. '나는 할 수 있다', '포기하지 않으면 언젠가는 이루어진다'라는 믿음을 가지고 루틴에 적합한 몸과 마음을 만들어갑니다. 하고 싶다고 생각만 하거나 계획을 세우고 실천하지 못하는 일이 있다면 시간을 얼마나 투자하는지 살펴보세요. 말과 생각만 하고 실천하지 않는 경우가 많습니다. 책을 쓰고 싶다는 생각만 했지, 행동하지 않아 10여 년이 흘렀어요.

체력이 좋지 않아 마음 근육도 약했습니다. 조금만 힘들면 멈췄습니다. 지금도 멈춥니다. 다시 루틴을 잡고 시작합니다. '내일, 이 일 끝나고 여유가 있으면 해야지.' 이렇게 생각하며 미루다 보면 한 살 두 살 나이만 먹어갑니다. 살아보니 여유, 시간, 돈이 많은 시기는 한 번도 오지 않더군요. 여전히 돈과 시간, 여유는 없습니다. 살아가며 시기에 맞는 과업이 계속 추가됩니다. 그래서 기다리는 대신 행동합니다. 살아 있는 동안 원하는 일들을 하나씩 해나가려고요. 인생 생각보다 길지 않습니다. 고민하고 생각만 하다가 흘러간 시간이 40년인데, 자면 지나가 있더군요. 이런저런 이유로 시간을 보내면 그런 행동도 루틴으로 반복됩니다. 내가 선택한 행동에 따른 결과가 오니까요. 나이를 먹으며 생각한 대로 행동합니다.

생각과 걱정이 많아 확신이 서는 데 걸리는 시간이 길었습니다. 행동이 어려운 이유였죠. 나에게 찾아온 좋은 기회를 놓친 기억, 행동을 하지 못해 계획으로 끝났던 아쉬운 기억도 있습니다. 초등학교 때부터 미술에 소질 있다는 소리를 들었습니다. 상도 자주 받았습니다. 중학교 때 선생님이 엄마에게 예고 진학 제안을 했습니다. 엄마의 얼굴이 다양한 표정으로 가득해졌습니다. 제 마음도 복잡해졌던 기억이 납니다. 3명의 자녀를 걱정하는 부모님의 마음, 넉넉하지 못한 가정 형편 등 환경적 요소로 선택이 망설여졌어요. 가고 싶다는 마음을 품은 지 15년이 흐른 지금도 그림을 그리고 있습니다.

대학생 때 모델 제의가 들어왔어요. 명함을 건네며 연락을 달라고 했어요. 생각해보지 않은 분야이고, 명함에 적힌 정보가 명확하지 않아 선택할 용기가 나지 않았습니다. 선택하지 못한 아쉬움과 미련은 삶의 덤인가 봅니다. 언제나 따라다니네요. 이러한 경험 덕분에 현재와 선택에 집중하려고 노력합니다.

유학을 가고 싶어 알아본 적이 있어요. 실력을 쌓기 위해 학원을 다녔습니다. '아직 원하는 실력이 아니다', '돈이 충분하지 않다' 등의 여러 가지 이유로 미루다 결국 가지 못했어요. 완벽히 준비되면 한다는 생각으로 행동하지 못했습니다. 완벽한 준비, 결과가 없다는 생각이 듭니다. 행동하며 다듬어지는 것이죠. 완벽함은 존재하지 않아요. 해가면서 원하는 결과를 얻을 수 있습니다. 지금부터 하고, 얻은 깨달음으로 매일 다르게 살면 됩니다. 제가 루틴을 하는 이유이기도, 성장의 기쁨을 얻는 방법이기도 합니다.

생각만 하고 행동하지 않으면 미련과 후회가 남습니다. 미술도 유학도 현실에서 이루지 못했지만 마음속에서 놓은 적이 없습니다. 인생의 전반전에서 얻은 지혜로 지금부터 다시 시작합니다. 나만의 루틴을 이용해서요.

계획대로 해도 원하는 결과가 나오지 않을 때도 있습니다. 원하지 않는 결과에서도 얻는 것들이 있더군요. 그것들을 활용해 다시 시도하고 원하는 모습으로 나아가면 됩니다. 포기하지 않으면 이루어진다는 말도 있잖아요. 그만두지 말고 잠시 쉬세요. 멈췄다 다시 도전하면 되죠. 지금이 생각하는 꿈을 이루는 적기라 생각합니다.

인생의 타이밍은 내가 만들어가는 겁니다. 루틴과 인생을 만들어나갈 시기. 조금씩 변화하는 모습에 진짜 내 인생의 주인이 될 것입니다. 살면서 변수가 많아 바라는 인생과 다르게 살 때가 많지만, 지금이 행복합니다. 원하는 것들을 하며 인생의 주인으로 살아가는 나날이 감사합니다. 루틴과 함께 원하는 삶을 만들어가는 당신을 격려합니다.

인생에서 가장 젊고 에너지가 많은 날, 오늘이 시작하기 가장 좋은 날입니다. 여러분의 진짜 인생을 위한 출발과 루틴을 응원합니다.

# 10. 내향인이지만 결국은 해냅니다

- 조하나

"얘는 왜 웃지도 않고 소리도 안 내니? 문제가 있는 거 아니니?"

내가 걷지 못할 때부터 어머니는 늘 이 질문을 들었다고 했다. 어머니와 있을 때는 잘 웃었지만 다른 사람에게는 그렇지 않았다. 그래서 자주 쓴소리를 들어야 했다고 지금까지 푸념한다. 나는 태어날 때부터 낯을 많이 가리는 아이였다. 얼마 전 유행한 MBTI로 설명한다면 극 I의 결정체이다.

일곱 살의 12월 24일, 늦은 밤까지 자지 않겠다고 잠투정을 부리다 혼이 났었다. 어쩔 수 없이 두툼한 이불을 덮고 훌쩍이고 있는데 현관 쪽에서 큰 소리가 났다. 부스스 조심스레 나와보니 시뻘건 옷을 입은 낯선 사람이 서 있었다. 비몽사몽 바라본 그 모습은 마치 괴물 같았다. 일곱 살의 나는 낯선 괴물을 향해 있는 힘껏 울음을 터뜨렸다. 뭐라고 말하는 것 같았지만 상관없었다. 우는 소리에 잠에서 깬 동생도 목청 터져라 함께 울었다. 그 소리에 어머니에게 더 혼났다. 내가 기억하는 첫 크리스마스이브는 눈물 콧물 범벅이었다. 시간이 지나고 보니 괴물은 산타클로스 분장을 한 유치원 선생님이었다. 크리스마스가, 산타클로스가 뭔지도 몰랐던 그때는 모든 게 겁나는 일이었다. 지금도 남아 있는 사진 속에는 통통 부은 눈과 벌건 얼굴로 어정쩡하게 선물을 들고 있는 내가 있다. 한 해가 지나 초등학생이 되어도 타고난 건 달라지지 않았다. 여자아이들이 흔히 한다는 고무줄놀이와 공기놀이를 하지 못했다. 동네마다 다른 규칙과 방법을 매번 새롭게 배우고 맞춰야 하는데 그 과정도 내게는 무리였다. 잘 모르니 알려달라 하면 됐을 텐데 그 말을 하지 못했다. 6년을 꼬박 깍두기, 고무줄 잡아주는 사람 정도로 그쳤다. 요즘에 태어났다면 사회성이 떨어지는 아이로 선생님과 부모님의 걱정을 샀을 것이 뻔했다. 하지만 한 반에 40명, 한 학년에 10반이 넘는 아이들 속에서는 눈에 띄지 않는 6년을 보낼 수 있었다. 그것이 오히려 편했다.

그랬던 수줍은 아이가 시간이 지남에 따라 어른이 되었다. 함께 내성적이었던 친구들은 꿈을 좇아 하나둘씩 떠나갔다. 근데 나는 하고 싶은 게 없었다. 아니, 할 수 없을 거라고 생각했다. 낯선 사람들 속에서 생소함을 견딜 수 없을 것만 같았다. 하는 수 없이 친구를 따라 적당한 일을 시작했다. 꿈과 목표가 있는 게 아니었기에 그저 눈에 띄지 않는 삶을 유지하려 했다. 몇 년이 흘렀을까. 원했던 적당한 삶을 사는데도 만족스럽지 않았다. 언제까지 이렇게 살아야 하는가. 열심히 따라 하고 있음에도 아무것도 하지 못하는 내가 안타까웠다. 뭐가 부족한 것인가 고뇌하고 고민해야 했다. 그제야 살아온 시간 속에 내가 없다는 걸 알게 되었다.

내성적이니까, 낯을 가리니까. 이 말들은 나를 설명하는 대표적인 단어였다. 2008년, 우물쭈물하던 내게 운명처럼 책 한 권이 다가왔다. 당시 베스트셀러였던 『시크릿』의 저자 론다 번은 이렇게 말했다. '간절히 원하면 이루어진다.' 바라는 것이 있다면 생각하고 말하는 것만으로도 도달할 가능성이 생기며 결국은 이룰 수 있다는 끌어당김의 법칙 말이다. 처음으로 마음이 요동쳤다. 이때 필요한 것은 단 두 가지, 감사하기와 바라는 모습을 그림처럼 그려보는 것. 그날부터 진짜 어른이 되는 꿈을 꾸게 되었다.

먼저 원하는 것을 글로 써보았다. '피아노 배우기, 화장하기, 책 읽기, 집에서 누워 있기, 맛집 가기, 서울 살기, 영어 배우기, 운전면허 따기, 심리학 공부하기.' 백지였던 메모지가 페이지를 넘겨버렸다. 꽉 차버린 메모지를 바라보며 결심은 확신으로 바뀌었다. 그날로 회사를 그만뒀다. 그래야만 시작할 수 있을 것 같았다. 퇴직 면담을 하던 과장은 내게 이렇게 말했다.
"정말로 후회하지 않겠어요? 다시 이런 기회가 오지 않을지도 몰라요."
마음이 거침없이 요동쳤다. 확신은 불안과 걱정으로 바뀌었다. 흔들리던 마음을 다시 잡을 수 있었던 것은 진짜 어른이 되고 싶다는 생각 하나였다. 두 눈을 질끈 감고 하고 싶은 것을 할 수만 있다면 무슨 일이 있어도 후회하지 않겠다 외치고 사직서를 제출했다. 내성적인 사람이었지만 그럼에도 상담 전문가가 될 모습을 상상하고 그리며 십 년 치의 계획을 세웠다. 늦은 만큼 더 노력해야 했다. 학업과 일을 병행했다. 주말에는 교육을 듣고 학원에 다

넜다. 과제를 하느라 밤을 새우는 날도 많았다. 일주일을 열흘처럼 살았다. 원하고 바란다면 반드시 이뤄낼 수 있기에 최선을 다했다. 하루도 허투루 보내지 않았기 때문일까. 십 년의 계획은 예상보다 앞당겨졌다. 이제는 사람들을 만나 고민을 듣고 위로하는 상담심리사의 삶을 살 수 있게 되었다.

그때 마침, 가장 친한 친구가 결혼 소식을 전했다. 십 년의 연애를 지켜본 나로서는 축하하지 않을 수 없는 일이다. 세계적인 감염병 코로나로 인해 제약이 많은 결혼식이었다. 결혼식에 참가할 수 있는 인원도 50명, 식사는 금지, 신랑 신부 외에는 마스크 착용 필수. 가장 축복받아야 할 신부가 혹시나 서운한 마음 들지 않을까 조바심이 났다.
"혹시 축가 불러줄 수 있어?"
바쁜 일정과 사회적 거리 두기로 전화 통화만 겨우 할 수 있었는데 갑작스러운 부탁에 힘이 들어갔다. 낯가리기로 국내 일등을 자칭할 정도로 내향인인 내가 할 수 있을까 걱정이 먼저 들었다. 친구에게는 일생일대의 행사다. 친구도 이미 내 성향을 알고 있을 것이다. 그럼에도 그 중요한 일을 내게 맡긴 것이다. 고민할 틈도 없이 비장하게 "알겠다"라고 대답했다. 반드시 해내야 했다. 이제 진짜 어른이 되었으니까. 할 수 있다는 말을 뱉어내면 해내는 사람이었으니까 나를 믿는다. 보름 넘게 아무도 없는 차 안에서 고성방가하며 연습했다. 이 무서운 감염병은 내게 연습할 기회를 충분히 주지 않았다. 결혼식 당일, 답답한 마스크를 쓰고 떨리는 손을 부여

잡으며 긴장되는 축가를 끝까지 해냈다.

2024년, 새로운 꿈을 꾸게 되었다. 누군가의 이야기를 듣기만 하던 내가 내 이야기를 하고 싶다고 생각하게 되었다. 책을 쓰고 싶다고 생각하게 되었고 그 꿈을 단 몇 개월 만에 이룰 수 있었다.

더는 '수줍음이 많은 사람이니까, 해보지 않았으니까'라고 변명하지 않는다. 그럼에도 해내던 나를 믿는다. 지금의 나를 만들어준 원동력이다. 나와 당신이 꾸준히 하는 모든 것들이 루틴이다. 낯선 사람을 보며 울음을 터트리고 수줍음에 고무줄놀이에서 깍두기만 하던 아이가 비밀을 알아차린 후 진짜 어른이 되었다.

아직도 매일 내가 바라는 모습을 상상하고 그림으로 그린다.
그러면 내일의 내가 결국 해내고 만다.
나는 나를 믿는다.

## 마치는 글

### 가람

어떻게 여기까지 왔는지 모르겠습니다. 나의 이야기를 책으로 낼 수 있는 좋은 기회라고 스스로를 다독이며 도전한 작은 발걸음이었습니다. 글을 쓰다가 알게 되었습니다. 제 삶에서 루틴을 빼면 남는 것이 거의 없다는 것을요. 루틴은 저를 은둔형 외톨이에서 도전하는 사람, 꿈을 꾸고 이뤄가는 사람으로 바꾸어주었습니다. 제가 루틴을 지킨다고 생각했는데 루틴이 저를 지켰습니다. 이런 루틴으로 이끌어주신 창조주에게 감사한 마음이 듭니다. 책 쓰는 아내와 엄마를 기다려주고 응원해준 든든한 지원군 남편과 두 아들에게 사랑과 감사를 보냅니다. 한 배를 탄 모든 코치님들과 글벗님들에게 고마움을 전합니다. 특히 부족한 글을 일일이 읽어주고 퇴고 지도를 해준 바라보라 조보라 코치님과 짝꿍 퇴고로 퇴고의 어려움을 함께 나눈 양소영 작가님에게 감사 인사를 드립니다. 바쁘고 쉽지 않은 상황에서 가르치고 배우고 애쓰는 모습에 감동과 도전을 받았습니다. 누구든 나만의 고유성을 가지고 즐겁게 살아가도록 돕는 글로 보답하며 성장하겠습니다.

### 강명경

좋은 습관을 만들고 싶었습니다. 매번 며칠을 넘기지 못한 시도만 쌓일수록 한계인 줄 알았습니다. 꾸준함은 저와 거리가 먼 것 같았고, 다시 시작할 때마다 설렘보다는 의심이 들었습니다. 그러나 관점을 달리해보니, 이미 좋아하고 즐기던 것들을 반복하며 살고 있었습니다. 익숙해서 대수롭지 않게 여겼던 일상 속의 행동들은, 사실 저를 지켜주는 루틴이었습니다. 성공하지 못한 시도만 기억하느라, 놓치고 있던 저만의 흐름과 균형을 이제야 발견합니다. 덕분에 이제는 더 이상 완벽한 루틴을 꿈꾸지 않습니다. 새로운 무언가를 만들어야 한다는 조급함보다는 이미 반복되고 있는 소중한 루틴을 만나는 것, 이것만으로도 삶은 보다 더욱 단단해지고 있습니다. 어쩌면 지금 글을 읽는 당신에게도 그런 루틴이 있을 겁니다. 천천히 부드럽게 이어지는 반복 속에서, 조용히 나를 지켜주는 리듬 하나를 발견하게 된다면 그것만으로도 충분합니다. 늘 하는 무의미한 반복처럼 느껴졌던 것들 속에 당신만의 에너지가 숨어 있을지 모릅니다. 그 반복이 당신을 지켜준다는 사실을, 어느 하루 끝에서 문득 알아차릴 수 있기를 바랍니다.

## 김정현

내가 글을 쓴다니, 믿기지 않는다. 서툴지만 해냈다. 글은 특별한 사람만 쓰는 것이 아니다. 누구나 쓸 수 있다. 사람과 사람 사이의 소통 수단이다. 작가의 이야기가 단 한 명의 독자에게라도 소통이 되었다면 성공이다. 글과 친해지고 싶다. 많이 읽고, 많이 쓰고 싶다. 첫 단추를 걸었으니 이제 시작이다. 글과 가까워지기 위한 작은 루틴을 계획해본다. 루틴이 주는 힘은 크다. 소소한 가족 루틴, 업무 루틴. 작은 시작이 큰 변화를 가져온다. 루틴들이 쌓여 삶의 그림을 그려간다. 글쓰기가 두려운 마음이 있다면, 오늘부터 용기를 내보길 바란다. 38세 워킹맘 초보 작가도 해냈다. 누구든지 할 수 있다. 오늘이 나의 가장 젊은 날이다.


### 김하세한

 늘 새로운 목표를 세우며 더 나은 삶을 꿈꿨다. 하지만 다짐은 자주 흐트러졌고 다시 제자리로 돌아오곤 했다. 계획은 그럴듯했지만 실천은 며칠을 넘기기 어려웠다. 그럼에도 불구하고 나는 매번 다시 시작했다. 시작은 어렵지 않았다. 어려운 건 계속하는 일이었다. 처음엔 나 자신이 자꾸 실망스러웠다. 왜 이렇게 작심삼일밖에 못 할까, 왜 금방 지칠까 자책도 많았다. 하지만 어느 순간부터 생각을 바꾸기 시작했다. 한 번의 실패보다 다시 일어나는 시도가 더 중요하다는 걸 배웠다. 거창한 결심보다 오늘의 작은 실천이 나를 바꾸고 있다는 걸 깨달았다. 루틴은 대단하지 않다. 오히려 평범하고 단순한 행동이 반복될 때 비로소 의미가 생긴다. 지금도 완벽하진 않지만 꾸준히 나아가고 있다. 실패는 여전히 낯설지 않다. 하지만 멈추지 않고 다시 해보는 데에는 익숙해졌다. 잘하고 싶은 마음, 다시 해보겠다는 다짐, 그리고 오늘도 실천해보는 용기. 누군가에게 그 시작을 건네는 조용한 응원이 되기를 바란다.


### 쓰꾸미

 2024년 11월 18일. 베트남에 출장을 왔다. 멘털이 흔들렸다. 작년에는 팀장이었지만 올해는 물러났다. 존경하던 회사 임원이 본인의 이

익과 입장만 이야기하는 태도에 실망했다. 출장 나온 현장이 좋지 않다. 같이 근무하는 사람들의 표정이 굳어 있고, 업무를 요청해도 전부 본인 일이 아니라는 태도에 힘들었다. 현장 상황이 급하다고 잠시 출장을 다녀오라고 했는데, 출장 복귀하면 발령 없이 집에 있어야 한다. 회사 인사 정책, 인간관계, 업무, 미래에 대한 불안까지 힘든 일만 보였다. 매일 아침에 달리기를 통해 숨 쉬기 힘든 상황을 넘어설 수 있다는 자신감을 얻었다. 출근하기 전에 좋은 글을 읽고 나누는 '럭키비키' 모임에서 이현주 코치와 강혜진 작가의 꾸준함을 배웠다. 다이어리를 쓰면서 하루를 어떻게 보내고 있는지에 대한 피드백이 고마웠다. 누리고 있는 루틴이 감사하다는 걸 사색을 통해 발견했다. 내 필명에 어울리는 일상으로 되돌아왔다. 불안한 상황에서 작은 루틴을 실천하며 단단한 일상으로 복귀하는 경험을 했다. 이 경험을 매일 쌓는 루틴을 통해 같이 누렸으면 한다.

### 양소영

　기록의 즐거움에 대해 알게 되는 여정이었다. 글쓰기에 대한 육중한 부담감으로 눌려 있던 마음은 어느새 과거가 되었다. 현재는 자유로운 나의 글쓰기가 좋아 기록 그 자체를 누린다. 이제 다른 이의 마음까지도 몽글몽글하게 해주는 미래를 기대한다. 내 안에 남아 있는 허영을 내려놓으려 한다. 담백하게 생각하고 표현하는 법을 배우려 한다. 따뜻하고 진솔한 내 색깔을 고운 빛깔로 다듬으려 한다. 인생의 귀인(貴人), 조보라 코치님을 만났기에 가능한 여정이었다. 사랑하는 가족들, 그리고 바라보라 챌린지 글동무들, 아보전 집단지성 친구들이 가장 가까이에서 대놓고 응원해주신 분들이다. 이 외에도 공개하기 아까워 고이 숨겨둔 사람들이 있다. 그들은 알 것이다. 내가 얼마나 고마워하는지. 사랑하는 이들의 아낌없는 응원 덕분에 있는 모습 그대로의 나를 사랑하게 되었고, 글도 쏠 수 있었다. 무엇보다 하나님의 사랑 안에서 내 영혼은 자유롭게 춤추듯 기록하며 평안을 누린다. 비기너 양소영에게 글쓰기는 나 자신과 이웃, 그리고 하나님을 오롯이 사랑하고 존중하는 따뜻한 언어다.

### 유가인

글쓰기 수업만 들었지, 내 글을 세상 밖에 내보내긴 처음이다. 손발이 오글거린다는 느낌이 이런 거구나 새삼 느낀다. 매일 하는 루틴에 관해 쓰는 건데 별 대수냐 생각했다. 막상 글로 표현하는 일은 차원이 달랐다. 혼자 보는 일기가 아닌, 독자를 대상으로 하는 글에 대한 무게감과 책임감이 나를 짓눌렀다. 한 발도 앞으로 나가지 못하고 한 자리를 맴돌다, 괜히 한다고 했나 슬그머니 도망치고 싶은 마음이 올라왔다. 포기하고 싶은 순간, 나의 손을 끝까지 잡아준 안지영 코치에게 감사의 마음을 전한다. 창작의 고통을 이겨낼 때 출간의 기쁨을 맛볼 수 있다는 값진 경험을 했다. 머릿속으로 '아는 것(know)'과 몸으로 '행하는 것(act)'의 차이를 이제 비로소 알겠다. 루틴도 글쓰기도 힘들수록 반복해야 정신력을 키울 수 있다. 내가 그어놓은 한계를 넘어 계속 쓰다 보면, 내 마음속 전하고 싶은 글이 술술 써지는 날이 오겠지. 오늘보다 1%라도 더 발전한 내일을 꿈꾸며 부족한 첫 에세이를 마무리한다.

## 이주민

　요즘 주위에서 드라마 이야기를 많이 듣습니다. 너무 재미있다고요. 내용이 궁금하기는 하지만 보지는 않습니다. 드라마 종영과 함께 '이제 뭐 보지?' 생각하며 또 다른 즐거움을 찾게 되거든요. 루틴에는 내가 계획하고 이뤄가는 즐거움이 있습니다. 삶의 만족도가 다릅니다. 어느 드라마나 예능이 재미있다고 하면 밤새 몰아서 보기도 했습니다. 그 시간은 저를 바꾸지 못했습니다. 나이가 들면서 시간이 아깝다고 생각합니다. 아무 생각 없이 지낸 시간이 아깝고, 지금 이 순간도 알차게 보내고 싶은 마음입니다. 아이들에게도 권유하고 싶지만 강요해서는 그 즐거움을 알지 못합니다. 제가 증명하고 확신을 주면 아이들도 시작하겠죠. 내 삶에 괜찮은 루틴 하나 만들면 드라마보다 더 즐겁습니다. 삶의 질도 달라집니다. TV보다 더 재미있는 루틴 해보실래요?

## 장혜빈

　인생은 희로애락이다. 글쓰기는 인생이다. 고로 글쓰기는 희로애락이다. 글을 쓰며 희비를 경험했다. 써질 듯 써지지 않는 글을 보다 잠든 적도 있고, 퇴고의 방향성이 보이지 않아 막막하기도 했다. 생각이 현실이 되었다. 생각만 하고 행동하지 못했던 지난날들이 사진을 넘기듯 지나갔다. 이제부터가 진짜 인생의 시작이라는 생각이 든다. 하고 싶은 것들 하나씩 적고 성취해나갈 때의 기쁨. 이제는 알 것 같다. 루틴이라는 소재로 글을 쓸 만큼 경험이 풍부하지 않지만, 누군가에게 도움이 되었으면 하는 마음으로 글을 적는다. 나의 글로 누군가가 위로와 용기를 받는다면 그것만큼 값진 게 있을까. 쉬운 일은 없다는 말을 몸으로 이해한 시간이다. 글쓰기도 인생도 어렵다. 못한다고 좌절하고 우울했다. 오뚝이처럼 일어나 다시 쓴다. 실패가 아니라 성공으로 가는 길임을 알기에. 도전이 주는 선물들을 활용해 원하는 인생을 사는 나의 모습을 생각하니 뿌듯함에 입꼬리가 올라간다.

## 조하나

 루틴이라 이름 붙일 수 있는 행동은 성실하게 무엇인가를 꾸준하게 하는 것이라고 생각한다. 어찌 보면 새로운 도전을 하는 것보다 어렵다. 다른 사람의 멋지고 대단한 루틴과 습관을 보는 일은 루틴을 시작할 때 겁부터 먹게 할지도 모른다. 하지만 대부분의 사람이 하는 루틴이 있다. 아침에 일어나 일이나 공부를 하고 집으로 돌아와 잠을 청하는 것이다. 매일 일평생 동안 말이다. 당신 또한 이미 꾸준히 하고 있는 것이다. 그것만으로도 충분하다 생각했다. 그랬던 내가 글을 쓰겠다 마음먹었다. 이것만큼 새롭고 큰 루틴은 없을 것이다. 삶의 여유 조각마다 글을 끼워 넣었다. 어느 날은 단 한 줄도 쓰지 못하고 어느 날은 너무나 쉽게 한 장이 써지기도 했다. 그다음 날에는 휴지통에 글을 집어넣고 새 작업을 하기도 한다. 그럼에도 즐겁다. 오늘은 오늘의 글이, 내일은 내일의 글이 나올 것이다. 매일 새로운 이야기를 쓸 수 있는 것만으로도 충분하다. 이제 글쓰기가 하나의 도전이 아니라 삶의 루틴이 되기를 바란다.